AI와 야구의 변화

인공지능총서

인공지능 시대입니다. 기계가 인간의 인지를 대신하고, 사물이 인간을 통하지 않고 다른 사물과 직접 커뮤니케이션합니다. 이에 따른 인간 삶과 문명 변화를 정확히 이해 · 예측 · 대응하는 것은 이 시대 우리 모두의 과제입니다. 인공지능총서는 인공지능 기술과 환경의 여러 주제를 10가지 키워드로 정리합니다. 관련 개념과 이론, 학계와 산업계의 쟁점, 우리 일상의 변화를 다룹니다. 인간과 기술의 현재, 미래를 세심히 분석합니다.

일러두기

- 인명, 작품명, 저서명, 개념어 등은 한글과 함께 괄호 안에 해당 국가의 원어를 병기했습니다.
- 외래어 표기는 현행 어문규정의 외래어표기법을 따랐습니다. 단, 딥러닝 등은 업계에서 굳어진 대로 적었습니다.

처음이세요?

전문가세요?

AI와 야구의 변화

안준철

대한민국, 서울, 커뮤니케이션북스, 2025

AI와 야구의 변화

지은이 안준철
펴낸이 박영률

초판 1쇄 펴낸날 2025년 5월 30일

커뮤니케이션북스(주)
출판 등록 2007년 8월 17일 제313-2007-000166호
02880 서울시 성북구 성북로 5-11
전화(02) 7474 001, 팩스(02) 736 5047
commbooks@commbooks.com
www.commbooks.com

ISBN 979-11-7307-966-5 03500

책값은 뒤표지에 표시되어 있습니다.

차례

AI가 만드는 야구의 새로운 패러다임

2024년 한국프로야구(KBO 리그)는 획기적인 전환을 맞았다. 로봇심판으로 불리는 자동 스트라이크-볼 판정 시스템(Automatic Ball-Strike System, ABS)을 세계 최초로 정식 야구 경기에 전격 도입했기 때문이다(김희준, 2024.12.27). ABS는 야구장에 설치된 카메라 세 대를 통해 공을 추적하는 트래킹 시스템이 투수가 던진 공의 궤적을 좇아 자동으로 볼-스트라이크를 판별하는 시스템이다(남시현, 2022.7.14). 핵심 원리는 '공의 추적'과 '인공지능(Artificial Intelligence, AI)'이다. 야구장에 설치된 카메라가 공의 움직임을 실시간으로 찍으면 AI 프로그램이 타자의 신장에 따라 조정된 3차원 스트라이크 존의 통과 여부를 따져 스트라이크인지, 볼인지를 판별한다(양정민, 2024.7.29).

특히 야구는 전통적으로 통계와 데이터 분석이 두드러지는 특성상 AI 기술과의 융합이 필연적이다. 빌 제임스(Bill James)의 세이버메트릭스(Sabermetrics)가 등장하며 데이터 기반 분석이 야구 전략의 중심으로 자리 잡은 이후, AI는 한 단계 더 발전된 접근 방식을 제공하고 있다. 단순한 통계를 넘어 경기 중 실시간 데이터 처리, 선수 퍼포먼스 예측, 전략 최적화 등 AI가 야구에 미친 영향은 현재 진행형이다. AI가 야구에 도입된 초기 사례 중 하나가 메이저리그(Major League Baseball, MLB) 구단들이 트래킹 시스템과 머신러닝(Machine Learning)을 활용해 경기 데이터를 분석한 것이다. 스탯캐스트(Statcast) 시스템은 선수들의 모든 움직임을 기록하고 이를 정량화해 전통적 분석의 한계를 뛰어넘었다(MLB, 2024). 스탯캐스트는 한 선수가 홈런을 치는 데 필요한 정확한 타구 각도와 속도를 분석하거나, 투수가 던진 공의 회전수와 구질 변화가 타자에게 미치는 영향을 상세히 측정할 수 있다. 이러한 기술은 선수들의 경기력을 향상하고, 코칭스태프가 더욱 정교한 전략을 수립할 수 있도록 돕는 역할을 한다.

또 AI는 기존의 분석 방식을 혁신했을 뿐 아니라 새로운 가능성을 열었다. AI 기반 모델은 경기 결과를 예측하고, 특정 경기 상황에서 어떤 전략이 가장 효과적일지를 시뮬레이션한다. 이러한 예측 기능은 선수 교체, 수비 위치 조정, 투구 선택 등 경기 중 실시간 의사 결정에도 중요한 참고 자료로 활용된다. 특히 AI는 인간 분석가들이 미처 인지하지 못한 패턴을 발견할 수 있어, 선수와 코칭스태프가 예상치 못한 전략적 이점을 얻을 수 있다.

아울러 AI 기술의 확장은 야구 산업 전반의 변화를 주도한다. MLB는 AI 기술을 활용해 팬들에게 새로운 경험을 제공하는 데 초점을 맞추고 있다. AI가 생성한 실시간 분석 데이터는 방송 중계와 연계되어 경기 흐름에 대한 더욱 정교한 해설을 가능하게 하고, 관객들은 AI가 제공하는 데이터 기반 시각화를 통해 경기를 더욱 깊이 이해할 수 있게 되었다. 이러한 기술은 팬 경험을 혁신하며, 야구를 단순한 경기 관람에서 데이터와 스토리텔링(storytelling)이 결합한 몰입형 경험으로 변화시킨다(Sahota, 2024.2.23). 아울러 AI 기술은 야구 미디어 산업에 효율성과 혁신을 이끌고 있다. 손이 많이 가는 작업인 야구 경기 하이라이트 영상 제작은 AI로 자동 생성 할 수 있고, AI 기술을 활용해 경기 상보를 작성하는 '로봇 기자'가 등장했다(이정국, 2019.10.19). 야구 콘텐츠를 생산하는 미디어는 좀 더 창의적인 작업에 집중할 수 있게 됐다.

하지만 AI의 도입에는 기대와 함께 우려도 있다(신창용, 2019.8.28). AI가 야구의 '인간적 요소'를 희석할 수 있다는 지적이 대표적이다(안준철, 2024.12.28). AI 판정 시스템이 심판의 역할을 전부 대체하거나, 지나치게 데이터 중심적인 접근이 경기의 예측 가능성을 높여 팬들의 흥미를 저하할 수 있다는 것이다. 그러나 이와 같은 우려는 새로운 기술이 도입될 때마다 반복되어 온 과정임을 기억할 필요가 있다. 데이터와 기술은 도구일 뿐이며, 이를 어떻게 활용하느냐에 따라 스포츠의 본질을 강화할 수도, 약화할 수도 있다.

야구와 AI의 만남은 기술적 도약을 넘어 스포츠의 문화적, 산업적 지평을 새롭게 확장한다. 이는 단순히 성과를 높이는 도구로서의 AI를 넘어, 스포츠를 재구성하고 팬들에게 더 나은 경험을 제공할 수 있는 잠재력을 지니고 있음을 가리킨다. AI는 야구의 본질을 지키면서도 새로운 가능성을 탐구할 수 있는 수단이다. 아울러 그 혁신적 가능성은 앞으로도 계속 확장될 것이다.

야구 경기력 향상의 핵심 도구로써 AI

AI는 야구 경기력 향상의 핵심 도구로 기능할 수 있다. 데이터 분석 및 전략 수립에 활용되기 때문이다. AI 알고리즘은 선수들의 경기 내 퍼포먼스와 신체적 특성을 분석하여 스카우팅 과정을 더욱 정확하고 효율적으로 만들고, 각 선수의 특성과 상황을 고려한 맞춤형 전략을 제시한다. 타자에게는 상대 투수의 구속이나 구종을 분석하여, 적절한 히팅 포인트를 제안하고, 투수에게는 상대 타자의 타격 성향, 히팅존을 분석하여 효율적인 투구 전략을 세울 수 있게 도울 수 있다(조선미, 2023). 더불어 AI는 선수들의 건강과 컨디션 관리에도 활용된다. 선수들의 움직임, 피로도 등을 분석하여 부상 위험이 높은 선수를 예측하고 예방적 조치를 취할 수 있다. 실제로 웨어러블(wearable) 기술과 AI를 결합하여 선수들의 건강과 경기력을 실시간으로 모니터링하는 장면이 늘고 있다(Sahota, 2024.2.23). 이러한 AI 기술을 활용하면 야구팀들은 더 과학적이고, 효율적으로 경기력을 향상할 수 있다.

특히 데이터 분석 및 전략 수립에서 AI 도입은 야구의 차원을 바꾸고 있다. 대표적인 데이터 기반 스포츠인 야구는 타율, 출루율, 평균자책점과 같은 전통적 기록부터 세이버메트릭스와 같은 심층 분석까지, 데이터를 중심으로 전략을 세우고 경기를 운영해 왔다. 이제 AI의 도입으로 타구 궤적 분석, 맞춤형 훈련 설계, 부상 위험 예측 등 다양한 방식으로 야구의 모습을 혁신하고 있다. AI가 단순한 보조 도구를 넘어 야구의 본질적인 패러다임을 변화시키고 있는 셈이다(Samuels, 2024.12.14).

AI가 야구에서 가장 두드러지게 활용되는 영역은 선수 퍼포먼스 데이터의 정밀 분석이다. 앞서 언급한 MLB의 스탯캐스트는 선수들의 타격, 투구, 주루 데이터를 실시간으로 수집하고 분석한다(MLB, 2024). 타자의 스윙 속도와 타구 각도, 투수의 공 회전율과 구속 등 기존에 측정하기 어려웠던 데이터를 AI가 정량화하여 활용할 수 있도록 제공한다. 이를 통해 선수와 코칭스태프는 전에는 알지 못했던 약점이나 개선점을 파악할 수 있다. AI의 도움으로 타자는 타구 궤적을 조정해 이상적인 홈런 각도를 찾거나, 투수는 특정 구종의 효과를 극대화하는 방식으로 자신의 퍼포먼스를 한 단계 끌어올릴 수 있다.

AI는 단순히 데이터를 분석하는 데 그치지 않고, 선수별 맞춤형 훈련 프로그램을 설계하는 데도 활용된다(채주혜 외, 2024). 전통적인 훈련 방식은 평균적인 선수의 능력을 기준으로 설계되었지만, AI는 각 선수의 체력 상태, 부상 이력, 경기 기록을 종합적으로 분석해 최적의 훈련 강도를 제안한다(선한결, 2022.2.10). AI 기반 훈련 소프트웨어는 타자의 스윙 메커니즘을 세밀하게 분석하고, 개선이 필요한 영역을 중심으로 훈련 계획을 설계한다. 투수에게는 공 회전률을 높이기 위한 구체적인 동작 교정을 추천하거나, 체력 회복을 고려한 훈련 강도 조절을 지원한다. 이러한 맞춤형 훈련은 선수의 성과를 극대화하면서도 불필요한 부상을 예방할 수 있다.

무엇보다 AI는 부상 위험을 사전에 예측하고 체계적으로 관리하는 데 중요한 역할을 한다(Samuels, 2024.12.14). 투수의 팔꿈치 부상은 야구에서 가장 흔히 발생하는 문제 중 하나로 꼽히는데, AI는 투구 데이터를 분석해 비정상적인 움직임이나 패턴을 감지하고 부상의 가능성을 경고할 수 있다. 또한 타자의 스윙 동작에서 나타나는 불균형을 찾아내어 이를 개선하도록 돕는다. 이러한 방식으로 AI는 선수의 장기적인 경기력과 경기 출전 빈도를 안정적으로 유지할 수 있게 한다. AI를 활용한 부상 관리 시스템은 선수 개인뿐만 아니라 팀 전체의 경기력에도 긍정적인 영향을 미치는 것이다.

경기 중 실시간으로 이루어지는 의사 결정에도 AI가 매우 중요한 역할을 한다(Gopal et al, 2024). AI는 경기 상황을 분석하여 타자의 약점을 공략할 투구 구종을 추천하거나, 수비 위치를 조정하는 데 필요한 데이터를 제공할 수 있다. 코칭스태프는 이러한 AI의 도움으로 타자와 투수 교체 시기를 보다 정밀하게 판단할 수 있으며, 수비 시프트와 같은 전략적 결정을 더욱 효율적으로 내릴 수 있다. 이렇게 AI는 경기 흐름을 파악하고 빠르게 대처해야 하는 상황에서 데이터를 바탕으로 최적의 선택지를 제공함으로써, 경기 전략의 질을 높이는 데 기여한다.

AI는 선수의 멘탈 퍼포먼스를 강화하는 데도 활용된다. 선수들의 심박수, 호흡 패턴, 스트레스 지표 등을 모니터링하고 분석하여 심리적 안정과 집중력을 높이기 위한 맞춤형 솔루션을 제공한다(Samuels, 2024.12.14). 이러한 AI 기반 접근 방식은 선수들이 심리적 압박 속에서도 최상의 퍼포먼스를 발휘할 수 있도록 할 것이다.

마지막으로, AI는 상대 팀의 데이터를 분석해 경기 전 예측 모델을 제공하는 데 활용된다. 투수의 구종 패턴, 타자의 약점, 팀 전술 등을 시뮬레이션하여 최적의 대응 방안을 도출한다(Sahota, 2024.2.23). 한 투수가 특정 상황에서 자주 사용하는 구종을 예측하거나, 특정 타자가 취약한 공략법을 분석해 이를 활용한 전술을 설계할 수 있다. 이러한 데이터는 팀 전략에 정교함을 더하고, 승률을 높이는 데 뒷받침할 수 있다.

이렇듯 AI는 야구 경기력 향상의 필수적인 도구로 자리 잡았다. 데이터 분석, 훈련 설계, 부상 관리, 실시간 전략 지원, 심리 강화, 상대 팀 예측까지, AI는 야구의 모든 측면에서 활용되며 경기력을 높이는 데 핵심적인 역할을 한다. 야구가 AI 기술의 시험장이자 발전의 플랫폼으로 자리매김하고 있는 셈이다. 이는 스포츠와 기술이 어떻게 상호작용하며 진화할 수 있는지를 보여 주는 훌륭한 사례다. 앞으로도 AI는 야구의 미래를 정의하는 데 중요한 역할을 할 것이다.

AI시대, 야구 내·외부의 변화와 적응

AI는 단순히 경기력 향상의 도구를 넘어 야구 산업과 문화를 새롭게 재편하는 강력한 촉매제 노릇을 하고 있다. 구단 운영 방식부터 미디어 환경, 팬 경험, 그리고 글로벌 시장 확장까지, AI는 야구의 모든 측면에 스며들며 패러다임을 확장하고 있다. 이 과정에서 AI는 야구의 내부적인 효율성을 높이는 동시에 외부적인 변화를 유도하며, 전통 스포츠인 야구가 기술과 융합해 신화할 수 있는 길을 제시하고 있다.

야구 산업의 구조적 효율성을 높이는 데에도 AI는 지대한 영향을 미친다. 과거에는 스카우트의 경험과 직관에 의존해 유망 선수를 발굴했지만, AI 기술의 도입으로 스카우팅 방식은 근본적인 변화를 예고한다(Samuels, 2024.12.14). AI는 선수의 경기 기록뿐만 아니라, 숨겨진 잠재력을 발견하는 데 필요한 데이터를 빠르게 분석할 수 있다(선한결, 2022.2.10). 특정 구단이 AI를 활용해 신예 투수의 피칭 데이터를 분석하고, 기존의 평가 방식으로는 발견하기 어려웠던 잠재력을 발견해, 주축 선수로 활용하는 장면도 현실이 된다. 이는 단순히 시간과 자원을 절약하는 데 그치지 않고, 데이터 기반으로 신뢰할 수 있는 의사 결정을 AI가 가능하게 한다는 의미가 있다.

미디어 환경 역시 AI의 발전에 따라 빠르게 변모한다. AI 기반의 데이터 시각화는 팬들에게 새로운 차원의 관람 경험을 제공하게 된다. 경기 중 투수의 구종 패턴이나 타자의 타구 궤적을 실시간으로 분석해 보여 주는 기술은 팬들이 경기 흐름을 더 깊이 이해하고 몰입할 수 있도록 돕는다. 아울러 AI는 경기 종료 직후 하이라이트 영상을 자동 생성 하여 팬들이 흥미로운 장면을 즉시 소비할 수 있게 한다. 특히 가상현실(Virtual Reality, VR) 기술과 결합한 AI 콘텐츠는 팬들에게 몰입형 관람 경험을 제공하며, 단순한 경기 관람을 넘어선 엔터테인먼트로 야구를 재구성한다(이지혜, 2020.7).

야구의 문화적 측면에도 AI가 큰 영향을 미친다. 데이터 중심의 경기 운영 방식은 감독과 선수의 역할을 재구성하며, 기존의 전통적 접근 방식을 뒤흔들 것이다. 현대 야구에서 감독 및 코치들은 전통적인 경험과 데이터 분석의 균형점을 찾아야 하는 새로운 과제에 직면해 있다. 실시간 데이터 분석은 전략 수립의 정확도를 높이지만, 경기 현장에서의 순간적 판단과 선수 심리 파악과 같은 인간 고유의 영역을 대체할 수는 없다는 점이 AI 통합 과정의 핵심 쟁점으로 부상하고 있다. 마찬가지로 이러한 기술 혁신은 근본적인 팬 문화의 패러다임도 변화시키고 있다(이정민, 2024.10.28). 최신 AI 기술을 활용한 실시간 경기 분석 데이터의 접근성이 커지면서, 팬들은 더 이상 단순 관람자의 위치에 머무르지 않고 있다. 이들은 고도화된 데이터를 기반으로 전문적인 경기 분석을 수행하고, 다양한 플랫폼을 통해 심도 있는 의견을 교환하는 능동적 주체로 진화하고 있다.

야구를 둘러싼 글로벌 환경에서도 AI의 역할은 중요하다. AI 기술을 야구 비인기 지역에서도 팬 층을 확대하는 수단으로 활용할 수 있다. 예를 들자면, 한 구단이 AI를 활용해 아시아와 유럽 리그 간 경기 데이터를 비교 분석하고, 각 리그의 장단점을 파악해 리그 간 교류를 촉진하는 전략을 세울 수 있다. 또 AI가 팬들의 취향과 관심사를 분석해 개인화한 콘텐츠를 제공함으로써 새로운 시장에서 야구의 매력을 효과적으로 알릴 수 있다

(Sahota, 2024.11.23). 이러한 변화는 AI가 야구를 단순한 스포츠를 넘어선 글로벌 엔터테인먼트 산업으로 확장하는 변곡점이 되고 있다.

하지만 AI 도입은 여러 윤리적 문제와 도전 과제를 동반하고 있다. AI 판정 시스템은 공정성을 높이기 위한 도구로 도입되었지만, 편향된 데이터로 인해 오심 논란이 발생할 가능성이 있다. 또한 선수들의 경기 데이터가 지나치게 분석되거나 오용되어 프라이버시가 침해될 위험도 존재한다. AI가 모든 의사 결정을 주도하게 되면, 야구의 인간적 요소가 희석되어 예기치 못한 부작용을 낳을 수 있다. 데이터 중심의 접근이 지나치게 강조되면, 경기의 감정적 긴장감과 인간적 매력이 손상될 위험이 있다(김희준, 2024.12.27). 이러한 문제를 해결하기 위해서는 AI 기술 사용에 대한 명확한 규정과 윤리적 기준이 필요하다. 이는 AI와 인간이 조화롭게 공존하며 야구의 전통적 가치를 지키기 위한 필수 조건이 될 것이다.

AI는 야구의 내·외적 패러다임을 변화시키며 스포츠의 본질적 가치를 재구성하고 있다. 그러나 이러한 혁신적 변화는 단순한 기술 도입의 차원을 넘어선다. 구단, 선수, 팬, 미디어 등 야구 생태계를 구성하는 모든 이해관계자가 첨단 기술과 인간 본연의 가치 사이의 균형점을 고민해야 한다. 스포츠 발전의 핵심 동력으로써 AI를 활용할 방안도 모색해야 한다. 특히 AI는 야구의 효율성과 몰입도를 획기적으로 향상시킬 잠재력을 가지고 있지만, 스포츠의 본질적 가치를 완전히 대체할 수는 없다는 점을 유의해야 한다. AI와 인간의 상호보완적 협력을 통해 구현될 미래 야구의 진화는 이제 시작 단계에 불과하다. 그러나 스포츠와 첨단 기술의 융합이 나아갈 방향성을 제시하는 전환점으로 작용할 것이다.

AI가 바꿀 야구의 10가지 핵심 주제

AI 기술은 야구의 본질적 가치와 산업 생태계 전반에 걸쳐 혁신적인 변화를 가져오고 있다. 데이터 수집과 분석 기술은 정교해졌고, AI 기반 예측 모델과 실시간 지원 시스템은 경기 전략과 의사 결정 방식에 새로운 방향을 제시했다. 또 부상 예측 및 관리, 맞춤형 훈련, 심판 보조 기술부터 미디어 환경과 팬 경험의 재구성까지, AI는 야구의 모든 영역에 깊이 스며들고 있다. 이 책은 AI가 야구에 가져온 변화와 함께, 앞으로 야구의 미래를 이끌어갈 열 가지 핵심 주제를 다룬다. 구체적으로 핵심 주제인 각 장의 내용은 다음과 같다.

1장 "AI와 야구 데이터 수집 및 분석 시스템"에서는 AI

기술이 야구 데이터의 정량적 수집과 분석 방법을 어떻게 발전시켰는지 설명한다. 트래킹 기술과 센서를 통해 실시간으로 수집된 데이터가 AI에 의해 분석되며, 경기 전략 및 선수 퍼포먼스 최적화에 활용된 사례를 살펴본다. 또한 스탯캐스트와 같은 첨단 시스템을 활용한 AI 분석이 야구 산업에 미친 영향을 다룬다.

2장 "선수 퍼포먼스 예측과 AI"에서는 AI가 타율, 평균자책점, 승률 등 선수의 경기력을 어떻게 예측하고 있는지 설명한다. 머신러닝 기반의 예측 모델이 구단과 코칭 스태프의 전략적 의사 결정에 어떻게 기여했는지, 그리고 AI의 예측이 가진 한계와 신뢰도를 논의한다.

3장 "AI를 활용한 경기 전략 수립"에서는 타격, 투수, 수비 데이터를 분석해 최적의 경기 전략을 설계하는 방식에 대해 설명한다. AI 분석이 투수의 구종 선택, 타자의 약점 공략, 수비 포지셔닝 결정 등 구체적인 의사 결정에 미친 영향을 사례를 통해 고찰한다.

4장 "경기 중 실시간 의사 결정을 위한 AI"에서는 경기 중 감독과 코치가 실시간으로 의사 결정을 내리는 데 AI가 어떤 역할을 하는지 살펴본다. AI가 경기 흐름을 분석해 타자의 약점을 공략할 투구 구종을 추천하거나, 수비 위치를 조정하는 사례를 중심으로 실시간 데이터 분석이 야구 전략에 미친 영향을 논의한다.

5장 “선수 부상 관리에서 AI”에서는 AI가 체력과 부상 위험을 예측하고 관리하는 데 활용되는 방식을 다룬다. 투수의 팔꿈치 부상 위험 감지, 타자의 움직임 분석을 통한 부상 예방, 경기력 유지와 회복을 지원하는 AI 기술의 실제 사례를 살펴본다.

6장 “선수 육성과 AI 트레이닝 시스템”에서는 AI가 선수별 맞춤형 훈련 프로그램을 설계하는 방식을 설명한다. AI는 각 선수의 체력 상태와 경기 기록을 바탕으로 최적의 훈련 계획을 제공하며, 실시간 피드백과 성과 분석을 통해 훈련의 효율성을 높이는 방식을 논의한다.

7장 “AI와 심판”에서는 자동 볼-스트라이크 판정 시스템(ABS)과 같은 AI 기술이 경기 판정의 일관성과 정확성을 어떻게 높였는지 설명한다. AI 판정 시스템이 심판의 공정성과 경기 몰입도에 미친 영향을 분석하며, 기술 도입에 따른 논란과 한계도 함께 고찰한다.

8장 “미디어와 AI”에서는 AI가 미디어 환경과 팬 경험에 미친 변화를 다룬다. AI 기반 해설과 실시간 데이터 분석이 경기 이해도를 높이고, 자동 하이라이트 생성과 맞춤형 콘텐츠가 팬과의 상호작용을 어떻게 변화시켰는지 살펴본다.

9장 "윤리적 문제와 AI 의존에 대한 논의"에서는 AI 도입이 야구의 공정성, 데이터 편향성, 선수 프라이버시 등과 관련해 야기한 윤리적 문제를 탐구한다. AI 의존도가 높아지면서 발생하는 문제점을 짚어보고, 스포츠의 인간적 요소를 유지하면서 AI를 활용할 방안을 논의한다.

10장 "AI와 야구의 미래"에서는 AI가 경기 전략, 선수 육성, 팬 경험, 미디어 콘텐츠 등 야구 산업 전반에 미칠 장기적인 영향을 전망한다. 기술 발전이 야구의 본질을 보존하면서도 혁신을 촉진하는 방안을 모색하며, AI와 야구의 조화로운 공존을 위한 방향성을 제시한다.

AI는 야구의 경기력 향상과 산업적 혁신을 이끌며 스포츠의 미래를 새롭게 정의하고 있다. 이 책은 AI가 야구의 다양한 영역에서 초래한 변화를 체계적으로 분석하고, 이러한 기술이 야구의 본질과 어떠한 방식으로 공존하며 발전할 수 있는지 고찰한다. 무엇보다 선수와 코칭스태프, 구단 관계자, 야구 산업 관계자, 미디어 관계자, 연구자, 야구 팬 등 다양한 독자들에게, AI와 야구의 융합이 만들어 낼 기회와 도전 과제를 깊이 이해하는 데 실질적인 방향성을 제공할 것이다.

참고문헌

김희준(2024.12.27.). "[2024년 스포츠 10대뉴스⑥] 세계 최초 ABS 도입…장단점 보였다". 《뉴시스》.
https://www.newsis.com/view/NISX20241226_0003011429

남시현(2022.7.14.). "센서부터 인공지능까지 총동원, 스포츠에 녹아든 IT 기술들". 《IT동아》. https://it.donga.com/102486

선한결(2022.2.10.). "스포츠 지평 바꾸는 AI 기술의 진화". 《한국경제신문》.
https://www.hankyung.com/article/202202102999i

신창용(2019.8.28.). "야구에 등장한 '로봇 심판', 어떻게 작동할까". 《연합뉴스》.
https://www.yna.co.kr/view/AKR20190828098900007

안준철(2024.12.28.). "[안준철의 스포츠시선] 2024년, 스포츠를 지배한 AI 혁명". 《이데일리》.
https://www.edaily.co.kr/news/read?newsId=01098806639123112&mediaCodeNo=258

양정민(2024.7.29.). ""스트라이크 맞아? 아냐?"… 韓 야구 AI 심판, 100경기 뛰더니 똑똑해졌다". 《지디넷코리아》.
https://zdnet.co.kr/view/?no=20240729083638

이정국(2019.10.19.). "'로봇 기자' 현실화…어뷰징 기계냐 속보 도우미냐". 《한겨레신문》.
https://www.hani.co.kr/arti/society/media/706750.html

이정민(2024.10.28.). "스포츠에 적용된 AI… 선수 발굴·관리부터 관람 경험까지 혁신". 《이코노미조선》.
https://economychosun.com/site/data/html_dir/2024/10/25/2024102500034.html

이지혜(2020.7.). "인공지능 기반의 스포츠 중계 기술 혁신". 《미디어 이슈 & 트렌드》, 55~63쪽.
조선미(2023). "인공지능 기반 메이저리그(MLB) 타자의 기대안타(xHA) 예측 모델 개발 및 적용". 《한국체육측정평가학회지》, 85~96쪽.
채주혜 외(2024). "개별화 맞춤형 학습을 지원하는 AI 챗봇 기반 플랫폼 분석". 《한국디지털콘텐츠학회논문지》, 1053~1068쪽.
Gopal, V. et al.(2024). "Baseball Decision-Making: Optimizing At-bat Simulations". *SMU Data Science Review*, 8(1), 9.
MLB(2024). "About Statcast". https://www.mlb.com/glossary/statcast
Sahota, N.(2024.2.23.). "Swing Into The Future: AI Is Changing Baseball And Leaving Fans Stunned!". *Forbes*. https://www.forbes.com/sites/neilsahota/2024/02/23/swing-into-the-future-ai-is-changing-baseball-and-leaving-fans-stunned/
Samuels, M.(2024.12.14.). "5 ways AI is changing baseball - and big data is up at bat". *ZDNET*. https://www.zdnet.com/article/5-ways-ai-is-changing-baseball-and-big-data-is-up-at-bat/#google_vignette

01
AI와 야구 데이터 수집 및 분석 시스템

야구는 데이터 기반 스포츠다. AI 기술과 첨단 데이터 수집 시스템의 발전은 야구에 혁신을 예고한다. 트래킹 기술과 센서를 활용한 데이터 수집이 정교해지며 경기 중 실시간 분석이 가능해지고, AI 알고리즘은 선수 평가와 경기 전략 수립을 더욱 정밀하게 만들 것이다. AI와 첨단 기술이 야구 데이터 수집과 분석에 미칠 영향을 살펴봤다.

AI와 1인 창업?

야구 데이터와 첨단 수집 기술

야구는 투구 속도, 타구 각도, 선수 기록 등 무수한 통계 지표가 도출되는 데이터 기반의 스포츠라 할 수 있다(김세민 · 유강수, 2020). 이처럼 방대한 데이터는 경기의 전략을 수립하고 선수의 퍼포먼스를 분석하며, 팬들에게 새로운 방식의 즐거움을 제공하는 데 도움을 준다.

야구에서 수집되는 데이터는 크게 세 가지로 나눌 수 있다. 첫째, 경기 내 데이터는 타격, 투구, 수비, 주루 등 경기 상황별로 세분화된 정보를 포함한다(KBO, 2024). 예를 들어, 타자의 타구 속도와 궤적, 투수의 구종별 릴리스 포인트와 회전율, 주자의 베이스 간 이동 속도 등이 이에 해당한다. 이러한 데이터는 경기 중 전략 수립에 핵심적인 자료로 활용된다. 둘째, 선수 퍼포먼스 데이터는 개별 선수의 성과를 수치화한 지표를 말한다(박성배 외, 2018). 평균자책점, 타율, 출루율과 같은 전통적인 기록뿐만 아니라, 최근에는 고급 지표인 대체 선수 대비 승리기여도(Wins Above Replacement, WAR)와 같은 분석도 일반화하고 있다(Tango et al, 2007). 이러한 성과 지표는 선수 평가와 스카우팅 과정에서 중요한 자료가 된다. 셋째, 외부 요인 데이터는 경기장 환경, 날씨, 관중의 행동 등 경기 외적 요소를 포함한다. 예를 들어, 바람의 세기와 방향은 타구의 궤적에 영향을 미칠 수 있으며, 관중의 반응은 선수들의 심리적 상태에 영향을 줄 수 있다. 이러한 데이터는 경기의 맥락을 이해하는 데 필수적이다.

첨단 트래킹 기술은 야구 데이터 수집의 새로운 지평을 열었다. 그중 대표적인 시스템이 고해상도 카메라와 레이더 기술을 활용해 공과 선수의 모든 움직임을 정밀하게 추적하는 MLB의 스탯캐스트다. 스탯캐스트는 투구 궤적, 타구 속도, 수비수의 위치 변화와 같은 데이터를 실시간으로 수집하고 분석할 수 있다(MLB, 2024). 특히 타구의 발사 각도와 속도는 현대 야구 전략에서 중요한 지표로 자리 잡았다. 높은 타구 속도와 적절한 발사 각도를 결합하면 홈런 확률이 높아진다는 점에서, 이러한 데이터는 타격 코칭과 선수의 기술 향상에 활용된다. 이 밖에 야수의 반응 속도와 이동 경로를 분석해 수비 퍼포먼스를 정량적으로 평가하는 데도 사용된다.

센서 기술의 발전 역시 야구 데이터 수집 방식을 더욱 정교하게 만들고 있다. 웨어러블 기기는 선수의 생체 데이터를 실시간으로 수집하는 데 유용하다(Sanyal, 2018). 예를 들어 심박수, 체온, 근육 활성도와 같은 정보를 통해 선수의 체력 상태와 부상 위험을 사전에 예측할 수 있다. 또한 스마트 볼과 스마트 배트는 각각 공과 배트에 내장된 센서를 통해 투구와 타격의 세부적인 데이터를 제공한다. 구체적으로 투구 시 공의 회전 속도와 축, 타격 시 배트의 스윙 속도와 각도를 측정할 수 있다. 이러한 데이터는 투수와 타자의 기술적 결점을 찾아내고 이를 개선하는 데 중요한 도구가 된다.

다만 야구 데이터 수집 과정은 몇 가지 한계를 안고 있다. 첫째, 데이터 누락이나 왜곡 가능성이 존재한다. 예를 들어, 카메라의 사각지대나 센서의 오작동으로 인해 중요한 정보가 수집되지 않을 수 있다. 둘째, 데이터를 처리하고 분석하는 과정에서 편향이 개입될 위험이 있다. 이는 분석 결과의 신뢰성을 훼손할 수 있다. 이러한 한계를 극복하기 위해, 트래킹 시스템과 센서 기술의 정밀도를 지속적으로 개선하려는 노력이 필요하다. 더 많은 카메라와 센서를 경기장에 배치하거나 AI 알고리즘을 활용해 누락된 데이터를 보완할 수 있다(김현유, 2024). 또한 데이터를 분석하는 과정에서 객관성을 유지하기 위해 다양한 검증 시스템을 도입해야 한다.

야구 데이터의 수집과 분석은 기술 발전과 함께 끊임없이 진화하고 있다. 트래킹 기술과 센서 기술의 발전, 그리고 데이터 수집 과정에서의 한계 극복 노력을 통해 야구는 더욱 정교하고 혁신적인 스포츠로 거듭나고 있다.

AI 혁신이 가져온 야구 분석의 변화

현대 야구는 데이터의 활용에서 새로운 국면을 맞이했다. 특히 AI 기술의 도입은 복잡하고 방대한 데이터를 실시간으로 분석하고, 이를 통해 경기와 선수에 대한 통찰을 제공함으로써 전통적인 분석 방식을 크게 혁신했다. 이러한 변화는 빅데이터 기반의 전략 수립, 스카우팅 시스템의 고도화, 팬 경험의 향상, 그리고 윤리적 도전에 이르기까지 야구의 여러 측면에서 뚜렷하게 나타난다.

빅데이터 분석을 통한 경기 전략 수립은 AI가 야구에 미친 가장 대표적인 영향 중 하나다. AI 알고리즘은 투수와 타자의 매치업 데이터를 분석하여 어떤 구종과 위치가 효과적인지를 예측한다. 또한 경기 중 실시간 데이터 분석을 통해 감독과 코칭스태프는 변화하는 경기 상황에 따라 전략을 즉각적으로 수정할 수 있다(Hall, 2021).

스카우팅과 선수 평가에서도 AI는 혁신을 이끌고 있다. 전통적으로 스카우팅은 경험과 직관에 의존하는 경향이 컸으나, AI는 데이터를 기반으로 더욱 객관적이고 정교한 평가를 가능하게 한다. AI 모델은 선수의 과거 기록을 분석하고, 이를 바탕으로 미래 퍼포먼스를 예측한다(Hall, 2021). 구체적으로 투수의 구속 변화나 타자의 스윙 패턴을 분석하여 부상 가능성을 예측하거나, 장기적인 성과를 예견할 수 있다. 이러한 데이터는 스카우팅 과정의 신뢰도를 크게 향상시키고, 팀이 장기적인 계획을 세우는 데 도움을 준다.

또 AI 기술은 데이터의 통합 분석을 통해 경기와 선수 간의 연관성을 새롭게 조명하기도 한다(Wu & Chiu, 2021.3). 타자의 성향과 특정 투수의 투구 패턴을 결합 분석 함으로써 경기 결과를 예측할 수 있다. 이는 전략적 의사 결정의 범위를 확장하며, 데이터의 활용도를 극대화한다. 이렇게 통합적으로 분석된 데이터는 팀 운영의 핵심 자료로 사용된다(Silver & Huffman, 2021).

AI를 활용한 시뮬레이션 기술도 야구 분석에서 점점 더 중요한 위치를 차지하고 있다. 경기 전 AI 기반의 시뮬레이션은 다양한 시나리오를 예측하고, 이를 통해 최적의 전략을 수립하는 데 도움을 준다(김현유, 2024). 특정 투수가 마주할 수 있는 다양한 상황에서 각 투구의 성공 확률을 계산하거나, 특정 타순 조합의 효율성을 분석하는 것이 대표적인 예다.

이렇게 AI는 현대 야구에서 필수적인 도구로 자리 잡

았다. 빅데이터 분석, 통합적인 경기 데이터 활용, 시뮬레이션 기술의 발전은 야구 분석의 수준을 한층 끌어올리고 있다. 이러한 기술들은 데이터 기반의 접근 방식을 강화하며, 야구가 더욱 정교하고 예측 가능한 스포츠로 나아가는 데 역할을 하고 있다.

참고문헌

김세민·유강수(2020). "빅데이터를 활용한 타자의 출루 관련 경기력과 불쾌지수의 관계 분석: 투구 수 유도와 출루율을 중심으로". 《산업융합연구》, 61~66쪽.

김현유(2024.2.15.). "진화하는 야구의 과학". 《에스콰이어코리아》. https://www.esquirekorea.co.kr/article/84289

박성배 외(2018). "한국프로야구 선수들의 연봉 산정 모델 개발". 《체육과학연구》, 520~533쪽.

KBO(2024). "KBO 기록실". https://www.koreabaseball.com/Record/Player/HitterBasic/Basic1.aspx?sort=HRA_RT

Hall, B.(2021). "Artificial Intelligence, Machine Learning, and the Bright Future of Baseball". *The National Pastime: The Future According to Baseball.* SABR. https://sabr.org/journal/article/artificial-intelligence-machine-learning-and-the-bright-future-of-baseball/

MLB(2024). "About Statcast". https://www.mlb.com/glossary/statcast

Sanyal, S.(2018.11.30.). "How Are Wearables Changing Athlete Performance Monitoring?". *Forbes.*

https://www.forbes.com/sites/shourjyasanyal/2018/11/30/how-are-wearables-changing-athlete-performance-monitoring/

Silver, J. & Huffman, T.(2021). "Baseball predictions and strategies using explainable AI". In *The 15th Annual MIT Sloan Sports Analytics Conference.*

Tango, T. M. et al.(2007). *The book: Playing the percentages in baseball.* Potomac Books, Inc.

Wu, C. W. & Chiu, W. H.(2021.3.). "An Information Collection and Analysis System for AI-Baseball". In *Proc. 2nd ACM Int. Conf. Multimedia in Asia.*

02
선수 퍼포먼스 예측과 AI

AI 기술은 선수 퍼포먼스를 정밀하게 예측한다. 회귀분석과 신경망을 활용한 예측 모델은 경기 기록뿐만 아니라 생체 데이터, 심리적 요인까지 반영하며, 실시간 데이터를 분석해 경기 전략을 최적화한다. 또 AI는 맞춤형 훈련 프로그램 설계, 부상 예방, 팀 운영 최적화에도 기여하고 있다. AI 기반 예측 모델의 원리와 활용, 그리고 그 한계를 살펴본다.

AI와 MBTI?

데이터 기반 퍼포먼스 예측의 작동 원리

AI가 선수 퍼포먼스를 예측하는 핵심은 데이터와 알고리즘의 조화에 있다(Anik et al, 2018). 타율, 평균자책점, 승률 등 주요 지표는 회귀분석이나 신경망(neural networks)과 같은 알고리즘에 의해 분석되고 예측된다. 회귀분석은 기존 데이터에서 독립 변수(타자의 나이, 체력, 경기 이력 등)와 종속 변수(타율, 출루율 등) 간의 관계를 규명해 미래 성과를 추정하는 데 사용된다. 반면, 신경망은 보다 복잡한 패턴과 상호작용을 인식하는 데 강점을 가진다. 특히 딥러닝(deep learning)은 여러 층으로 구성된 신경망을 통해 방대한 양의 데이터를 학습하여 예측의 정확성을 높인다(Pisaniello, 2024). 이 과정에서 중요한 것은 변수 선택(variable selection)이다. 단순히 경기 기록만 사용하는 것이 아니라, 선수의 생체 데이터, 훈련 패턴, 심지어 심리적 요인까지 포함하여 다각적으로 데이터를 수집하고 분석한다. 이러한 다변량 데이터는 AI 모델이 선수 개개인의 특성을 더욱 정교하게 반영하도록 돕는다. 따라서 AI 예측 모델은 단순히 과거 데이터를 반복하는 것이 아니라, 새로운 환경에서도 적용 가능한 패턴을 학습한다는 점에서 혁신적이다(Pisaniello, 2024). 또한 이러한 알고리즘은 예측뿐만 아니라 통찰을 제공한다. 구체적으로 특정 타자가 특정 투수에게 강한 이유를 파악하거나, 부상의 위험을 사전에 탐지할 수 있다. 이처럼 AI 예측 모델은 단순히 미래를 추측하는 데 그치지 않고, 경기의 복잡성을 이해하는 데 중요한 도구로 자리 잡고 있다.

AI 예측 모델이 신뢰성을 가지려면 학습(training)과 검증(validation) 과정을 거쳐야 한다. 이 과정은 AI가 데이터로부터 의미 있는 패턴을 학습하고, 예측의 정확성을 평가하는 단계로 나뉜다(Mansouri et al, 2024). 학습 과정에서는 먼저 훈련 데이터(training data)를 통해 모델이 주요 변수를 학습한다. 구체적으로 과거 경기 기록을 입력하면, AI는 타자가 특정 상황에서 어느 정도의 확률로 안타를 칠지를 학습하게 된다. 중요한 점은 데이터를 어떻게 전처리(preprocessing)하느냐다. 결측치 처리, 이상치 제거, 정규화(normalization) 등 데이터의 품질을 높이는 작업이 모델의 성능에 직접적으로 영향을 미친다. 검증 과정은 학습된 모델의 정확성을 평가하는 단계다. 일반적으로 데이터 세트는 훈련 데이터와 검증 데이터(validation data)로 나뉜다. 검증 데이터는 모델이 보지 못한 데이터를 사용해 예측 성능을 시험한다. 이 과정에서 모델의 과적합(over fitting) 문제를 방지하는 것이 핵심이다. 과적합은 모델이 훈련 데이터에만 최적화되어 새로운 데이터를 잘 처리하지 못하는 현상을 의미한다. 이를 해결하기 위해 교차 검증(cross-validation)과 같은 기법이 사용된다. 아울러 성능 평가 지표로는 평균제곱오차(MSE), 정확도(accuracy), R^2(결정 계수) 등이 활용된다. 이 지표들은 모델이 실제 성과와 예측값 사이의 차이를 얼마나 잘 줄이는지를 보여 준다(Moustakidis et al, 2023). 검증이 끝난 모델은 이후 실시간 데이터(real-time data)를 활용하여 계속해서 업데이트되고 개선된다. 이러한 지속적인 학습 과정은 AI 예측 모델이 동적이고 변화무쌍한 스포츠 환경에서도 유효성을 유지할 수 있도록 돕는다.

다만 야구는 단순한 데이터 게임이 아니다. 날씨, 경기장 특성, 상대팀의 전략 등 외부 요인들이 경기 결과에 상당한 영향을 미친다. AI 예측 모델이 효과적이기 위해서는 이러한 맥락적 요소를 적절히 반영해야 한다. 대표적으로 경기력에 직접적인 영향을 미치는 요소로 날씨를 들 수 있다(허태성 · 강하람, 2021). 강풍이 부는 경기에서는 홈런 비율이 낮아지는 경향이 있으며, 더운 날씨에서는 선수들의 체력 소모가 더 크다. AI 모델은 기상 데이터를 통합하여 이러한 요인을 반영한다. 또한 경기장 특성도 중요한 변수로 작용한다. 경기장의 크기, 관중의 소음, 잔디의 상태 등은 타구의 비거리나 선수들의 움직임에 영향을 줄 수 있다. 이를 위해 AI는 경기장별 특성을 데이터에 포함해, 보다 정밀한 예측을 가능하게 한다. 상대팀의 전략과 선수 구성을 분석하는 것도 중요한 요소다. 예를 들어, 특정 투수와 타자 간의 상성은 경기의 흐름에 큰 영향을 미친다. AI 모델은 과거 상대 전적과 투구 패턴, 타격 패턴을 분석하여 어떤 전략이 효과적인지 예측할 수 있다(안동수 외, 2024). 이러한 정보는 경기 중 실시간으로 업데이트되어 코치와 선수들에게 전략적 의사 결정을 지원한다. 아울러 변동성을 처리하는 방법은 AI 예측 모델의 신뢰도를 좌우한다. 스포츠는 본질적으로 변수가 많고 예측이 어렵기 때문에, AI는 확률적 접근을 통해 결과를 예측한다. 즉, 특정 선수가 안타를 칠 확률이 30퍼센트라고 한다면, 이는 단일한 결과를 확정하는 것이 아니라, 가능성의 범위를 제시하는 것이다. 이를 통해 코치와 선수는 다양한 시나리오에 대비할 수 있다.

정리하자면, AI 예측 모델이 단순한 데이터 분석을 넘어 스포츠의 복잡성을 이해하고 실질적인 경기력 향상에 기여하기 위해서는 이러한 맥락적 요소와 변동성을 효과적으로 처리하는 것이 필수적이다.

AI 예측 모델의 활용과 성과

AI는 현대 스포츠에서 선수와 팀의 퍼포먼스를 혁신적으로 향상하는 데 중심적인 역할을 하고 있다. AI의 활용은 선수 개인의 퍼포먼스 개선, 팀 운영 전략의 최적화, 그리고 데이터 기반 의사 결정으로 나타난다.

먼저, AI는 선수의 강점과 약점을 분석하여 선수의 성과를 극대화하는 전략의 기반이 된다(Ryoo et al, 2024). 구체적으로 AI가 실시간으로 선수의 움직임이나 생체 데이터를 파악해서 경기 중 교체 타이밍을 최적화할 수 있다. 또는 특정 순간에 선수의 역할을 조정함으로써 경기의 흐름을 유지하거나, 전환하는 데 도움을 줄 수 있다. MLB에서는 예를 들어, AI가 투수의 구종 패턴과 피칭 전략을 분석하여, 특정 타자에게 효과적인 공략법을 추천하는 데 활용되고 있다(Sahota, 2024.2.23). 타자의 타구 속도와 발사각을 분석해서 특정 투수와의 상성 데이터를 제공하기도 한다. 이를 통해 최적의 타격 접근법을 설계하기도 한다(Pandey & Gupta, 2023.7). 수비 측면에서도 AI는 중요한 역할을 한다. AI는 타자의 타구 방향 데이터를 학습하여 내야수와 외야수의 수비 위치를 최적화하는 데 도움을 주고 있다. 실제로 일부 구단에서는 AI를 활용한 수비 시프트 전략을 통해 실점을 최소화하는 의도가 성공하기도 했다(Bouzarth et al, 2021). 이러한 접근은 선수의 퍼포먼스를 극대화하는 데에도 도움이 된다.

AI는 또한 경기 후 분석과 미래 경기 준비에서 강력한 도구로 활용된다. 경기 후 데이터를 통해 선수별 또는 팀별로 성공과 실패 요인을 분석하고, 이를 바탕으로 향후 전략을 수립할 수 있다. 예를 들어, AI는 투수의 투구 위치, 속도, 타자의 타구 경향 등을 세밀하게 분석하여 다음 경기에서 유리한 접근법을 제공한다(안동수 외, 2024). 더 나아가, AI는 경쟁 팀의 전술과 데이터를 철저히 분석하여 상대방의 약점을 파악하고, 이를 팀 훈련 계획에 반영한다. 이렇게 AI는 선수와 코칭스태프에게 경기 전후로 구체적인 통찰을 제공함으로써 지속적인 성과 향상을 가능하게 한다(Stengel, 2024).

AI 기술이 야구의 경기력 향상에 기여하는 점은 분명하지만, 그 활용에는 신중한 접근이 필요하다. AI는 과거 데이터를 바탕으로 학습하기 때문에, 기존의 패턴을 그대로 반영하는 경향이 있으며, 이는 새로운 선수나 전략에 대한 평가에서 한계를 보일 수 있다. 데이터가 편향될 경우, 특정 유형의 선수에게 유리하거나 불리한 결과를 초래할 가능성이 있다(양영진, 2024). 또 AI가 도출한 결과에 대한 지나친 의존은 코칭스태프의 직관적 판단력을 약화시킬 우려가 있다. 따라서 AI가 제공하는 분석이 보다 객관적이고 균형 잡힌 방식으로 이루어지도록 지속적인 검증과 조정이 필요하다.

선수들의 경기 데이터가 AI 시스템에 의해 지속적으로 수집되고 분석됨에 따라 데이터 보호 및 프라이버시 문제도 중요한 고려 사항이 된다(Sampedro, 2023). 특히 부상 이력이나 피로 상태와 같은 민감한 정보가 오용될 가능성을 차단하기 위한 명확한 가이드라인이 필요하다. AI 기술이 야구에서 더욱 발전하기 위해서는 단순히 성과 향상을 목표로 하기보다, 윤리적이고 공정한 방식으로 활용될 수 있도록 지속적인 논의와 조정이 필요할 것이다.

이처럼 AI는 야구에서 중요한 도구로 자리 잡고 있다. 하지만 기술적 한계와 윤리적 문제를 해결하기 위한 신중한 접근이 필요하다. 이를 통해 AI는 선수와 팀의 퍼포먼스 발전에 지속적으로 긍정적인 영향을 미칠 수 있을 것이다.

참고문헌

안동수 외(2024). "머신러닝을 활용한 미국 프로야구의 투수 및 타자의 유형별 출루 및 아웃 예측 모델". 《한국체육과학회지》, 655~665쪽.

양영진(2024.10.1.). "[디지털트윈 칼럼] AI데이터, 신뢰할 수 있는가?". 《지디넷코리아》. https://zdnet.co.kr/view/?no=20241001140225

허태성·강하람(2021). "날씨와 한화 이글스의 상관관계". 《한국컴퓨터정보학회 학술발표논문집》, 237~238쪽.

Anik, A. I. et al.(2018). "Player's performance prediction in ODI cricket using machine learning algorithms". In *2018 4th international conference on electrical engineering and information & communication technology(iCEEiCT)*, pp.500~505. IEEE.

Bouzarth, E. et al.(2021). "Swing shift: A mathematical approach to defensive positioning in baseball". *Journal of Quantitative Analysis in Sports, 17*(1), pp.47~55.

Mansouri, N. et al.(2024). "AI Innovations in Photovoltaic Power Prediction". In *2024 IEEE International Conference on Artificial Intelligence & Green Energy(ICAIGE)*, pp.1~6. IEEE.

Moustakidis, S. et al.(2023). "Predicting football team performance with explainable ai: Leveraging shap to identify key team-level performance metrics". *Future Internet, 15*(5), 174.

Pandey, D. & Gupta, R.(2023.7.). "Artificial Intelligence-Based Models for Prediction of Major League Baseball Matches Outcome - A Systematic Mapping". In *2023 International*

Conference on Data Science and Network Security, pp.1~7. IEEE.

Pisaniello, A.(2024). "The Game Changer: How Artificial Intelligence is Transforming Sports Performance and Strategy". *Geopolitical, Social Security and Freedom Journal, 7*(1), pp.75~84.

Ryoo, H. et al.(2024). "Identification of doping suspicions through artificial intelligence-powered analysis on athlete's performance passport in female weightlifting". *Frontiers in Physiology, 15*, pp.1~10.

Sahota, N.(2024.2.23.). "Swing Into The Future: AI Is Changing Baseball And Leaving Fans Stunned!". *Fobes*. https://www.forbes.com/sites/neilsahota/2024/02/23/swing-into-the-future-ai-is-changing-baseball-and-leaving-fans-stunned/

Sampedro, A.C.(2023). "The Ethics of AI in Sport. Taking athletes' rights and wellbeing seriously". Researchgate. https://www.researchgate.net/publication/375278970

Stengel, G.(2024.5.15.). "Sports AI Can Be A Game-Changing Partner For Coaches". *Forbes*. https://www.forbes.com/sites/geristengel/2024/05/15/sports-ai-can-be-a-game-changing-partner-for-coaches/

03
AI를 활용한 경기 전략 수립

AI 기술은 야구에서 타격, 투구, 수비 전략을 정밀하게 개선하며 경기의 패러다임을 바꾸고 있다. AI는 타자의 히트맵과 투수의 투구 패턴을 분석하여 맞춤형 타격 접근법을 제안하고, 투수에게는 최적의 구종과 릴리스 포인트를 추천하며 부상 예방에도 기여한다. 또한 타구 예측과 실시간 수비 시프트 조정을 통해 수비 전략의 효율성을 극대화하고 있다. AI는 야구 경기 전략 전반에 필수적인 도구로 자리 잡고 있다.

AI와 난임 극복?

AI를 활용한 타격 접근법 최적화

야구에서 AI 기술은 단순한 데이터 분석 도구를 넘어 타자의 타격 접근법을 정교하게 개선하는 데 활용되고 있다. 타자의 히트맵(Hit map) 데이터를 기반으로 AI는 타격 존의 세부적인 강점과 약점을 파악하며, 이를 통해 개인화된 타격 방식을 설계한다. 데이터 분석 결과는 타자에게 개인화된 스윙 타이밍, 타격 위치, 투구 선택에 대한 맞춤형 조언으로 구체화된다.

특히 AI는 히트맵 데이터를 통해 타자가 몸 쪽 높은 직구에 강하거나 외곽 낮은 변화구에 약점을 보이는 패턴을 찾아낸다. 이를 바탕으로 타자가 공략해야 할 이상적인 타격 존을 제안하며, 데이터는 실시간으로 업데이트되어 변화하는 투구 성향에도 유동적으로 대응할 수 있게 한다(Samuels, 2024.12.14). AI의 이러한 분석은 단순히 타자의 기술을 개선하는 것을 넘어, 타격 접근 방식의 패러다임 자체를 바꾸고 있다(The European Business Review, 2024.9.2).

AI는 또한 상대 투수의 구종, 투구 위치, 상황별 투구 패턴을 종합적으로 분석하여 타자에게 효과적인 공략 방안을 제시할 수 있다. 기존의 영상 분석이 제한적인 정보를 제공했던 반면, AI는 경기 기록 전체를 기반으로 투수의 행동 패턴을 정밀 추적할 수 있기 때문이다(윤광제, 2019.12.27). 경기 중 실시간 데이터 분석도 AI가 타격 퍼포먼스 개선에 기여하는 중요한 방식 중 하나다. 타자의 스윙 궤적, 타구 속도, 타구 각도 등 다양한 데이터를 AI가 처리하여 실시간으로 피드백을 제공한다. 이러한 피드백은 타자가 단일 경기 안에서도 계속해서 자신의 타격 방식을 조정하고 개선할 수 있도록 돕는다(이종열, 2019.8.9). 만약 타자가 첫 타석에서 변화구에 약점을 보였다면, AI는 다음 타석에서는 스윙 타이밍을 조정하거나 타격 위치를 변경하도록 권장할 수 있다. 이와 함께 경기 상황, 예컨대 점수 차나 주자 상황에 따라 더 적합한 타격 접근법을 제시하기도 한다.

이처럼 AI 기술은 타자의 강점과 약점을 세밀히 분석하고, 두수와의 내결에서 새로운 선략석 인사이트를 제공하며, 실시간으로 퍼포먼스를 개선하는 데 핵심적인 역할을 하고 있다. 이를 통해 AI는 현대 야구에서 타격 전략의 한계를 뛰어넘어, 경기 전체를 혁신하는 도구로 발전하고 있다.

투구 디자인과 AI의 역할

AI는 현대 야구에서 투구 전략을 재구성하는 데 중요한 도구로 자리 잡았다. 그중에서도 구종 선택과 릴리스 포인트 최적화는 AI가 제공하는 가장 강력한 기능 중 하나다. 투수의 구종별 성과 데이터와 상대 타자의 약점을 통합적으로 분석한 결과, AI는 특정 경기 상황에 최적화된 투구 방식을 제안한다. 이 과정에서 AI는 단순히 데이터를 제공하는 것이 아니라, 투수가 실시간으로 활용할 수 있는 실행 가능한 통찰력을 제공한다.

무엇보다 AI는 특정 구종의 효율성을 높일 수 있다. AI가 타자의 히트맵을 분석해, 낮은 커브볼이 특정 타자에게 가장 효과적이라는 결론을 도출하는 것이 대표적인 예다. 릴리스 포인트 역시 중요한 요소다. AI는 투수의 릴리스 포인트 변화를 감지하고, 투구 일관성을 유지하기 위해 필요한 조정을 제안한다(김남우, 2016.4.25). 이처럼 구종과 릴리스 포인트의 최적화를 통해 AI는 경기 결과에 미치는 영향을 한층 증폭한다. 다만 이러한 기술이 지나치게 정형화될 경우 타자가 패턴을 예측할 위험도 존재하므로, AI를 활용한 전략은 지속적인 변화를 요구한다.

AI는 또한 투수와 타자 간의 심리적 공방을 새로운 차원으로 끌어올린다. 타자의 타격 성향과 심리적 경향을 분석한 결과를 바탕으로 AI는 맞춤형 투구 시퀀스를 설계한다. 이는 단순한 경기 데이터 분석을 넘어, 투수가 어떤 상황에서 어떤 공을 던질지에 대한 전략적 결정을 지원한다(윤은용, 2020.10.5). 예를 들면, 투 스트라이크 이후 투수가 심리적 압박을 가하는 구종을 사용하는 방식을 설계할 수 있다(조선미, 2023a). AI의 이러한 접근법은 투수와 타자의 대결을 보다 정교하게 만들며, 경기 중 실시간 데이터 분석으로 인해 그 유연성은 더욱 강화된다. 아울러 투수의 체력 관리와 부상 방지 역시 AI가 야구에서 기술적 혁신을 가져온 또 다른 분야다. AI는 단순히 체력을 관리하는 것을 넘어, 부상 위험을 줄이고 투수의 경기력을 장기적으로 유지하기 위한 솔루션을 제공한다. 특히 AI는 데이터 이상치를 감지하는 데 강점을 보이기 때문에 경기 중 특정 투수가 평소보다 구속이 지속적으로 감소하거나, 제구력이 흔들린다면 AI는 이를 경고 신호로 간주한다(정재훈, 2018.7.10). 이러한 데이터를 바탕으로 AI는 투수 교체 시점, 구종 선택의 변화, 혹은 휴식을 권장할 수 있다. 이렇게 AI는 투수의 기술적 완성도를 획기적으로 향상시키는 핵심 도구로 진화하고 있다. 데이터 기반의 분석과 실시간 피드백은 투구 전략을 새롭게 정의하며, 투수와 팀 모두에게 새로운 경쟁력을 제공한다.

AI 기반 야구 수비 전략

야구에서 수비 전략은 중요성은 점점 더 커지고 있다. AI 기술은 야수의 위치 선정과 움직임을 데이터 기반으로 정교화하여 현대 야구의 수비 효율성을 극대화하고 있다. 그중에서도 AI는 타구 데이터를 분석해 타구 궤적을 예측하고, 야수를 최적의 위치로 배치하는 데 탁월한 역할을 한다.

타구 데이터 분석을 통해 AI는 타자의 타격 습관과 공의 궤적을 통합적으로 예측할 수 있다(조선민, 2023b). 이는 단순히 '왼쪽으로 많이 친다'는 직관적인 분석을 넘어, 타구의 각도, 속도, 공중 체공 시간까지 계산하여 구체적인 위치를 산출한다(김정열, 2023). 이러한 분석 결과를 바탕으로, AI는 특정 상황에서 가장 높은 성공 확률을 보이는 야수 배치를 실시간으로 제안한다. 예를 들면, AI가 특정 타자의 타구 80퍼센트 이상이 외야 우측으로 간다는 데이터를 제시했을 때, 해당 경기에서 야수 위치를 조정해 상대팀 타구를 효율적으로 처리할 수 있게 되는 것이다.

수비 시프트 설계는 AI가 야구에서 본격적으로 도입되며 가장 주목받는 분야 중 하나다. 과거에는 코칭스태프가 경험을 바탕으로 설계했던 수비 시프트가 이제는

AI가 제안하는 정교한 전략으로 대체되고 있다. AI는 타자의 히트맵, 투수와 타자의 상성, 특정 경기장의 환경적 요인을 종합적으로 분석하여 야수들의 위치를 설계한다(조선미, 2023b). 특히 경기 중 실시간 야수 위치 조정은 AI 수비 전략의 또 다른 강점이다. 경기 상황은 매 순간 변화하며, 이에 따른 수비 전략의 신속한 조정이 요구된다(김정열, 2023). 실버(Silver, 2020.7.9)에 따르면 AI는 타자 교체, 날씨 변화, 주자 상황 등 다양한 변수를 즉각 분석하여 최적의 대응책을 제시한다. 예컨대 AI는 대타로 좌타자가 나왔을 경우 내야와 외야의 위치를 조정하거나, 바람의 세기와 방향이 변하면 외야수의 포지션을 조정하도록 제안한다. 이러한 실시간 조정은 단순히 야수 수비 위치의 변경만을 의미하지 않는다. AI는 야수 간의 간격과 움직임을 계산하여 협력 체계까지 최적화한다. 그 결과, 야수들은 개별적으로 움직이는 대신 유기적으로 협력하며, 상대의 공격을 효과적으로 차단할 수 있다(Murray et al, 2022).

AI가 야구 수비 전략에 가져온 변화는 단순한 기술적 보조 수준을 넘어 야구의 본질을 새롭게 정의하는 방향으로 나아가고 있다. 타구 예측, 시프트 설계, 실시간 조정이라는 세 가지 축을 중심으로 AI는 수비의 정확성을 높이고 팀 전반의 경쟁력을 강화하고 있다. 앞으로 AI 기술의 발전이 수비 전략을 더욱 혁신적으로 변화시킬 가능성은 무궁무진하며, 이는 현대 야구에서 필수적인 도구로 자리 잡을 것이다.

참고문헌

김남우(2016.4.25.). "메이저리그와 함께 발전하는 데이터 분석". 《LG CNS》.
https://www.lgcns.com/blog/cns-tech/ai-data/18793/

김정열(2023). "승리의 열쇠 디지털: 스포츠 산업의 디지털 전환". 《딜로이트 인사이트》, 5~13쪽.

윤광제(2019.12.27.). "'투구 폼 해석 AI' ... 아마추어 선수들 실력 향상 기대". 《AI타임스》.
https://www.aitimes.com/news/articleView.html?idxno=124062

윤은용(2020.10.5.). "투 아웃 만루 그 타자가 기다리는 공,AI는 이미 알고 있다". 《경향신문》.
https://www.khan.co.kr/article/202010051640005

이종열(2019.8.9.). "'투구경로'와 '구종 예측'…최정 맹타에는 '과학'이 있다 [이종열의 진짜타자]". 《MK스포츠》.
https://www.mksports.co.kr/news/sports/8933334

정재훈(2018.7.10.). "빅데이터는 다양한 구종보다 강속구 투수가 승리 가능성 높다고 분석". 《전자신문》.
https://www.etnews.com/20180709000282

조선미(2023a). "머신러닝 기반 XGBoost을 활용한 한국프로야구 투수 케이시 켈리의 상황별 구종 예측 모델 개발".

《한국융합과학회지》, 87~98쪽.
조선미(2023b). "인공지능 기반 메이저리그(MLB) 타자의 기대안타(xHA) 예측 모델 개발 및 적용". 《한국체육측정평가학회지》, 85~96쪽.
Murray, A. T. et al.(2022). "Enhancing strategic defensive positioning and performance in the outfield". *Journal of Geographical Systems*, *24*(2), pp.223~240.
Samuels, M.(2024.12.14.). "5 ways AI is changing baseball – and big data is up at bat". *ZDNET*. https://www.zdnet.com/article/5-ways-ai-is-changing-baseball-and-big-data-is-up-at-bat/#google_vignette
Silver, J.(2020.7.9.). "Singlearity: Using A Neural Network to Predict the Outcome of Plate Appearances". *Baseball Prospectus*. https://www.baseballprospectus.com/news/article/59993/singlearity-using-a-neural-network-to-predict-the-outcome-of-plate-appearances/
The European Business Review(2024.9.2.). "The Role of Artificial Intelligence in Baseball Strategy". https://www.europeanbusinessreview.com/the-role-of-artificial-intelligence-in-baseball-strategy/

04
경기 중 실시간 의사 결정을 위한 AI

AI 기술은 실시간 데이터 분석을 통해 경기 전략을 정교하게 조율하고, 감독과 코치가 최적의 결정을 내릴 수 있도록 돕는다. 경기 중 발생하는 변수들을 빠르게 분석하여 타순 조정, 투수 교체, 수비 시프트 조정 등 전략적 의사 결정을 지원하며, 상대 팀의 패턴과 심리는 물론, 날씨, 선수 컨디션, 경기 흐름 등을 고려하여 변수를 종합적으로 분석하고 실시간 적응 전략을 제공한다.

AI와 사주?

실시간 데이터 분석을 통한 전략적 의사 결정 지원

AI가 경기 중 실시간 의사 결정을 지원하는 핵심은 방대한 데이터와 고속 처리 기술의 결합에 있다. 앞에서도 다루었지만, 센서, 웨어러블 디바이스, 고속 카메라 등을 통해 경기 중 선수의 동작, 투구 궤적, 타격의 힘과 각도를 측정해 다양한 데이터를 수집하게 된다. 이 과정에서 생성되는 데이터는 초당 수천 개에 달하며, 이를 효과적으로 처리하기 위해 딥러닝과 같은 고급 알고리즘이 활용된다(Wei, 2024). 딥러닝은 단순한 데이터 분류를 넘어 경기 상황에 맞춘 복잡한 패턴을 학습하고, 이를 통해 예측 정확도를 높여 준다(김종훈 외, 2015). 특정 타자가 상대 투수의 슬라이더에 대해 높은 타율을 기록했다면, AI는 이를 기반으로 경기 중 적합한 타순 변경이나 작전 지시를 제안할 수 있다.

AI가 제공하는 의사 결정의 가치는 데이터의 실시간 분석에 있다. 경기 중 발생하는 변수는 예측 불가능한 경우가 많기 때문에, AI는 실시간 데이터를 통해 변화하는 상황을 빠르게 분석한다. 이 과정에서 중요한 역할을 하는 것은 다변량 데이터 분석이다(홍필두, 2021). AI는 단순히 경기 기록에 의존하지 않고, 날씨, 선수의 체력 상태, 상대팀의 전술 변화까지 고려해 데이터를 처리한다(김필수 외, 2024). 예컨대 더운 날씨에서 특정 투수가 체력 저하로 인해 구속이 감소할 가능성을 예측하고, 이에 맞춰 교체 타이밍을 추천할 수 있다. 이러한 방식은 단순히 데이터를 보는 것을 넘어, 변수를 통합적으로 고려하여 경기 흐름을 예측하고 최적의 결정을 지원한다는 점에서 AI의 차별성을 드러낸다.

AI는 또한 감독과 코치에게 직관적인 인터페이스를 제공해 데이터 활용도를 극대화한다. 최근 도입된 태블릿, 헤드업 디스플레이(Head-Up Display, HUD)와 같은 장치는 데이터를 시각화하여 전달함으로써 의사 결정의 정확도를 높인다. 만약 상대 타자의 타구 방향이 히트맵으로 표시되면, 코치는 이를 바탕으로 수비 위치를 즉각적으로 조정할 수 있는 것이다(Stengel, 2024.5.15). 더불어 음성 명령 기술은 경기 중 빠른 의사소통을 지원하는 중요한 도구다. 감독이 "다음 타석에서 유리한 대타는 누구인가?"와 같은 질문을 하면, AI는 실시간 데이터를 기반으로 신뢰성 높은 답을 제공한다. 이처럼 실시간 데이터와 시각적 인터페이스, 음성 지원은 긴박한 경기 상황에서도 데이터 기반의 결정을 내릴 수 있도록 돕는다.

결국 AI의 실시간 데이터 분석 능력은 야구의 복잡한 변수를 관리하고 최적의 의사 결정을 지원하는 데 필수적인 요소로 자리 잡고 있다. 이는 단순히 경기 기록을 반복적으로 활용하는 것이 아니라, 새로운 환경에서도 적용 가능한 통찰을 제공하며, 야구 전략의 질적 향상을 이끄는 데 기여한다.

AI 기반 예측 모델의 경기 상황 적응

AI 기반 예측 모델의 가장 큰 강점 중 하나는 경기 중 발생하는 변수에 대한 즉각적인 적응 능력이다(김태훈 외, 2020). 스포츠 경기는 수많은 변수와 예측 불가능한 상황으로 가득 차 있다. 날씨 변화, 선수의 갑작스러운 부상, 예상치 못한 경기 흐름 변화 등이 대표적인 예다.

이러한 상황에서 AI는 실시간으로 데이터를 수집하고 업데이트하며, 새로운 환경에 맞는 전략을 제시한다. 경기 중 강한 비가 내릴 경우를 가정한다면, AI는 이를 반영해 공의 회전이나 타구 비거리의 변화를 계산하고 이에 따른 최적의 수비 위치를 제안한다(Poole, 2025.3.12). 날씨뿐만 아니라, 선수의 상태 변화도 중요한 변수다. 특정 투수가 피로 누적으로 구속이 감소하거나, 타자의 집중력이 떨어지는 신호가 감지되면, AI는 해당 데이터를 즉각 분석해 대체 선수를 투입하거나 타순을 조정할 시점을 추천한다(Pisaniello, 2024). 이는 경기 중 변수로 인해 발생하는 위험을 최소화하고, 팀의 퍼포먼스를 안정적으로 유지하는 데 기여한다.

AI의 이러한 적응 능력은 단순히 데이터를 분석하는 데 그치지 않는다. AI는 과거 데이터를 기반으로 새로운 변수에 대한 시뮬레이션을 수행하고, 경기 중 예상치 못한 상황에도 효과적으로 대응할 수 있는 확률 기반의 선택지를 제안한다(Gopal et al, 2024). 이러한 실시간 적응성은 단순히 경기의 흐름을 따라가는 것이 아니라, 변화를 예측하고 주도권을 확보하는 데 필수적이다(Upadhyay, 2024.9.18).

경기 중 상대 팀의 패턴과 심리를 분석하는 것도 AI 예측 보넬의 핵심 역할 중 하나다(Ghosh et al, 2023). AI는 상대 팀과 선수의 경기 데이터를 기반으로 행동 패턴과 심리적 상태를 분석한다. 예를 들어, 특정 투수가 압박 상황에서 자주 던지는 구종이나 특정 타자가 긴박한 상황에서 선호하는 타격 방식은 경기의 흐름에 결정적인 영향을 미칠 수 있다. AI는 이러한 데이터를 활용해 상대의 다음 플레이를 예측하고, 이에 대비한 전략적 대응을 설계한다.

더 나아가 AI는 심리적 요소까지 분석할 수 있다. 선수의 경기 중 표정, 신체 움직임, 반응 속도 등을 감지하여 심리적 상태를 파악하고, 이를 데이터로 변환한다(Ballesteros et al, 2024). 예컨대 특정 타자가 긴장 상태일 때 방망이를 잡는 각도가 달라지는 패턴을 발견한다면, AI는 이를 근거로 해당 상황에서의 적절한 투구 방식을 제안할 수 있다. 이는 상대 팀이 선호하는 전략을 선제적으로 차단하거나 심리적 압박을 가중해 경기의 흐름을 유리하게 이끄는 데 기여한다. 또한 상대의 행동 패턴을 반복적으로 학습함으로써 예측 모델의 정밀도를 지속적으로 향상시킬 수 있다.

한편, AI 기반 예측 모델의 또 다른 중요한 역할은 감독과 코치의 의사 결정 피로를 줄이는 데 있다. 경기 중 감독과 코치는 짧은 시간 내에 수많은 결정을 내려야 한다. 이런 과정에서 누적된 피로는 잘못된 판단으로 이어질 가능성을 높인다(Stengel, 2024.5.15). AI는 방대한 데이터와 과거의 경기 기록을 분석하여 신뢰도 높은 정보를 제공함으로써, 감독과 코치가 더 효율적으로 결정을 내릴 수 있도록 지원한다. 예를 들어, 특정 경기 상황에서 과거 유사한 조건의 데이터를 분석해 어떤 결정을 내렸을 때 성공 확률이 높았는지 제시한다. 이는 단순히 선택지를 제공하는 데 그치지 않고, 선택지의 근거를 데이터와 통계로 뒷받침함으로써 결정 과정의 신뢰도를 높인다(Pisaniello, 2024). 이처럼 AI는 감독과 코치가 의사 결정을 내리는 데 필요한 정보를 직관적이고 간결하게 제공하여 경기 중 스트레스를 줄이고, 더 나은 전략적 선택을 할 수 있도록 돕는다.

현대 야구에서 AI는 이제 필수적인 전략적 도구로 자리매김했다. AI는 경기 중의 복잡한 변수와 변화무쌍한 상황을 처리하고, 상대 팀의 심리와 패턴을 예측하며, 감독과 코치가 의사 결정을 내리는 과정을 지원한다. 이러한 기술은 데이터 기반의 신뢰성 높은 결정을 가능하게 하며, 경기의 결과에 직접적인 영향을 미친다. AI의 도입은 야구 경기의 복잡성을 줄이고, 모든 변수를 종합적으로 고려한 전략적 접근을 가능하게 함으로써, 팀의 경쟁력을 새로운 차원으로 끌어올리고 있다. 이러한 혁신은 야구가 더욱 과학적이고 전략적인 스포츠로 진화하는 새로운 장을 열고 있다.

참고문헌

김종훈 외(2015). "Deep Learning 기반 기계학습 알고리즘을 이용한 야구 경기 Big Data 분석". 《한국통신학회 학술대회논문집》,

262~265쪽.
김태훈 외(2020). “인공지능 모델에 따른 한국 프로야구의승패 예측 분석에 관한 연구”. 《한국빅데이터논문지》, 77~84쪽.
김필수 외(2024). “인공지능 알고리즘을 적용한 한국프로야구 경기결과의 선행적 예측”. 《한국체육학회지》, 461~477쪽.
홍필두(2021). “실시간 데이터 예측을 위한 인공지능 분석 방법 연구”. 《한국정보통신학회 종합학술대회 논문집》, 547~549쪽.
Ballesteros, J. A. et al.(2024). “Facial emotion recognition through artificial intelligence”. *Frontiers in Computer Science, 6*, pp.1~14.
Ghosh, I. et al.(2023). “Sports analytics review: Artificial intelligence applications, emerging technologies, and algorithmic perspective”. *Wiley Interdisciplinary Reviews: Data Mining and Knowledge Discovery, 13*(5), e1496.
Gopal, V. et al.(2024). “Baseball Decision-Making: Optimizing At-bat Simulations”. *SMU Data Science Review, 8*(1), 9.
Pisaniello, A.(2024). “The Game Changer: How Artificial Intelligence is Transforming Sports Performance and Strategy”. *Geopolitical, Social Security and Freedom Journal, 7*(1), pp.75~84.
Poole, C.(2025.3.12.). “How Can AI In Sports Score For Environment And Climate?”. *Forbes*. https://www.forbes.com/sites/clairepoolesp/2024/03/12/how-ai-in-sports-can-score-for-environment-and-climate/
Stengel, G.(2024.5.15.). “Sports AI Can Be A Game-Changing Partner For Coaches”. *Forbes*. https://www.forbes.com/sites/geristengel/2024/05/15/sports-ai-can-be-a-game-changing-partner-for-coaches/

Upadhyay, A.(2024.9.18.). "How is AI Being Used in Sports Analytics Today?". *Talentelgia Technologies.* https://www.talentelgia.com/blog/how-is-ai-being-used-in-sports-analytics-today/

Wei, S.(2024). "Deep Learning Algorithms for Sports Data Analysis and Prediction in Sports Competitions". *Applied Mathematics and Nonlinear Sciences*, *9*(1), pp.1~14.

05
선수 부상 관리에서 AI

AI 기술은 선수의 부상 위험을 사전에 감지하고 체력 관리를 최적화한다. 머신러닝 기반 부상 예측 모델은 경기 기록, 생체 데이터, 피로 지수 등을 종합적으로 분석해 부상 가능성을 평가하며, 웨어러블 기기와 사물인터넷 기술을 통해 실시간 데이터를 수집하여 더욱 정밀한 예측을 가능하게 한다. 아울러 선수별 맞춤형 훈련 프로그램을 설계하고 경기 중 피로도를 분석해 최적의 체력 관리 방안을 제시한다.

AI와 아이돌?

부상 예측 모델의 진화와 AI 활용

선수 부상 예측은 스포츠 의학에서 오래전부터 중요하게 다뤄 온 분야다. 초기 부상 예측 모델은 주로 통계적 접근법에 의존했으며, 선수들의 부상 가능성을 평가하기 위해 경기 출전 기록, 나이, 훈련량 등의 단순 데이터를 활용했다. 하지만 이러한 모델은 데이터 간의 상호작용이나 비선형적인 관계를 제대로 반영하지 못했다. AI 기술의 도입은 이러한 한계를 극복하는 데 중요한 역할을 했다. 특히 머신러닝은 방대한 데이터를 처리하고 복잡한 패턴을 학습할 수 있는 능력을 제공하며, 부상 예측의 정밀도를 높였다(노성진 외, 2022). 예를 들어, 훈련량, 피로 지수, 근육 강도 같은 생체 데이터를 결합한 모델은 선수의 피로 축적 상태를 감지하고, 부상의 위험이 높은 시점을 예측할 수 있다. 이러한 데이터 기반 접근법은 기존의 통계적 방법과 달리, 개별 선수의 신체적 특성과 경기 상황을 보다 정교하게 반영한다(Kenjayeva et al, 2024). AI 기술은 단순한 예측 도구를 넘어, 부상을 방지하기 위한 사전 예방 전략을 설계하는 데까지 활용되고 있다.

웨어러블 기기와 사물인터넷(Internet of Things, IoT) 기술은 AI 기반 부상 예측 모델의 핵심적인 데이터 수집 도구로 자리 잡고 있다. 선수들이 착용하는 스마트 워치, 심박수 모니터, GPS 추적 장치 등은 경기와 훈련 중 발생하는 데이터를 실시간으로 수집한다(Wang et al, 2023). 심박수, 움직임 패턴, 근육 활동 등의 데이터는 선수의 신체 상태를 분석하는 데 중요한 요소다(Preatoni et al, 2022). IoT 기술은 데이터의 연결성과 실시간성을 강화하며, 이를 통해 AI 모델이 더욱 빠르고 정확한 예측을 제공할 수 있도록 한다. 수집된 데이터는 클라우드 기반 플랫폼으로 전송되어 AI가 이를 분석하고 즉각적인 피드백을 제공한다(Papalamprakopoulou et al, 2024). 이렇게 수집된 데이터는 단순한 부상 예측을 넘어, 장기적인 선수 관리 계획 수립에도 활용된다(Musat et al, 2024). 웨어러블 디바이스와 IoT는 부상을 예방하는 데 데이터 수집의 질적 도약을 가능하게 하는 주요 기술로 평가된다.

AI는 단순히 부상 위험을 예측하는 데 그치지 않고, 선수 개개인에게 맞춤형 예방 프로그램을 제공하는 데도 활용될 수 있다(Marharyta, 2024.11.21). 모든 선수는 신체적, 기술적 특성이 다르기 때문에, 일률적인 예방 프로그램은 효과가 제한적일 수 있다. AI는 과거 부상 이력, 생체 데이터, 경기 스타일을 종합적으로 분석하여 각 선수의 부상 위험 요인을 평가하고, 이에 최적화된 프로그램을 설계한다. 예를 들어 근육 약화가 주요 원인으로 지목된 경우, AI는 이를 보완하기 위한 훈련 루틴과 회복 계획을 제안한다(Guelmami et al, 2023). 또한 AI는 선수의 심리적 요인도 고려한다. 경기 중 스트레스와 긴장이 부상 위험을 증가시킬 수 있음을 감안하여, 심리 상태를 모니터링하고 스트레스 관리 방안을 포함한 예방 전략을 추천한다(Weiß et al, 2024). 이러한 개인 맞춤형 접근법은 선수의 부상 위험을 낮출 뿐만 아니라, 경기력 향상을 촉진한다. AI는 선수별 최적화된 솔루션을 제공함으로써, 스포츠 과학의 새로운 장을 열고 있다.

프로 야구단들도 AI 기반 부상 예측 모델을 본격 도입하고 있다. 국내 구단들은 2010년대 후반부터 트랙맨(Trackman) 등 고가의 장비를 도입하여 선수들의 훈련 데이터, 생체 정보, 경기 데이터를 분석하고 있다. 이를 통해 피로 상태를 실시간으로 모니터링하고, 부상의 위험이 높은 선수를 조기에 파악이 가능해졌다(안준철, 2024.12.28). 이러한 AI 접목 모델은 경기 일정과 훈련 계획을 조정하는 데도 활용되며, 이는 선수의 체력 소모를 줄이고 부상 위험을 낮추는 데 도움을 준다. AI는 선수의 건강을 보호하면서 동시에 팀의 성공을 뒷받침하는 핵심 도구로 자리 잡고 있다.

부상 예측 모델의 진화는 단순히 선수 보호를 넘어, 스포츠 전체의 운영 방식을 재편하고 있다. AI의 도입은 데이터 기반의 정교한 의사 결정을 가능하게 했으며, 이는 선수들의 건강을 지키고 경기력을 유지하는 데 필수적이다. 앞으로 AI 기술이 더욱 발전함에 따라, 부상 예측과 관리의 정밀도와 효율성은 더욱 높아질 것이다.

체력 관리와 경기력 유지를 위한 AI의 역할

스포츠 경기에서 선수의 체력 상태와 피로도는 경기력 유지에 중요한 요인으로 작용한다. AI는 실시간으로 선수의 신체 데이터를 모니터링하여 피로도와 체력 상태를 정밀하게 분석한다. 웨어러블 디바이스와 IoT 센서를 통해 수집된 심박수, 산소 소비량, 근육 활동 등의 데이터를 AI가 분석하면, 선수의 현재 신체 상태뿐 아니라 피로가 누적되는 패턴까지 파악할 수 있다(Preatoni et al, 2022). 예를 들어 경기 중 특정 선수의 심박수가 평소보다 급격히 상승하거나 움직임 속도가 감소하면, AI는 이를 피로의 징후로 감지한다. 이렇게 수집된 데이터는 경기 일정 조정과 훈련 강도 관리에 활용된다. 이러한 실시간 모니터링은 선수의 부상을 예방하는 데도 효과적이다(Biro et al, 2024). 피로가 부상의 주요 원인으로 작용할 수 있기 때문에, 이를 조기에 발견하고 관리하는 것은 경기력 유지와 선수 보호에 필수적이다.

AI는 훈련 프로그램을 설계하는 과정에서도 중요한 역할을 한다. 모든 선수는 체력, 경기 스타일, 회복 능력에서 차이를 보이기 때문에, 일률적인 훈련 프로그램은 효과적이지 않을 수 있다. AI는 선수들의 데이터를 분석해 개별 선수에게 최적화된 훈련 계획을 수립한다(Bodemer, 2023). 어떤 선수는 근육 강화를 위해 고강도 인터벌 훈련이 필요하지만, 또 다른 선수는 유산소 운동에 집중해야 하기 때문이다. AI는 이러한 차이를 반영하여 훈련량, 강도, 빈도를 조정하고, 효과적인 경기력을 유지할 수 있는 최적의 조합을 제안한다. 이뿐만 아니라, AI는 훈련 중 발생하는 데이터를 실시간으로 피드백하여, 훈련 도중에도 계획을 조정할 수 있는 유연성을 제공한다. 이러한 시스템은 부상 위험을 줄이고, 선수들의 체력 소모를 최소화하면서 경기력을 최대로 끌어올리는 데 중점을 둔다(Blanchet, 2024.10.3). AI 기반 훈련 최적화는 팀 전체의 경기력을 향상시키는 데도 큰 도움이 되며, 이는 스포츠 분야에서 경쟁 우위를 확보하는 중요한 요소로 작용한다.

AI는 단기적인 경기력 관리뿐만 아니라, 장기적인 선수 관리 계획에서도 중요한 역할을 한다. 시즌이 길어질수록 선수들의 체력 소모는 누적되며, 이로 인해 경기력이 저하될 위험이 크다. AI는 시즌 전체 데이터를 분석하여 선수들의 체력 소모를 최소화하고, 지속적으로 경기력을 유지할 수 있는 계획을 세울 수 있다(Rahmani et al, 2024). 선수의 경기 출전 시간, 회복 속도, 체력 소모 패턴 등을 분석하여 어느 시점에서 휴식이 필요한지, 특정 경기에 대비해 체력을 어떻게 분배해야 하는지를 AI가 제안하는 것이다. 아울러 AI는 회복 과정을 정밀하게 추적하여, 선수들이 부상에서 회복된 이후에도 안정적인 퍼포먼스를 발휘할 수 있도록 지원한다(Musat et al, 2024). 이를 통해 장기적인 선수 관리가 가능하며, 팀은 선수들의 건강과 경기력을 동시에 관리할 수 있다. 장기적인 관점에서 AI는 선수들의 경력 연장에 도움이 될 수 있다. 무리한 경기 출전이나 과도한 훈련으로 인해 선수 경력이 단축되는 경우를 방지하기 위해, AI는 데이터 기반의 합리적 결정을 제안한다. 이처럼 AI는 단기적인 경기력 유지뿐만 아니라, 장기적으로 선수들의 성과와 건강을 지속적으로 관리하는 핵심 기술로 발전하고 있다.

이렇듯 AI는 선수 체력 관리와 경기력 유지 면에서 스포츠 과학의 혁신적인 도구로 자리 잡고 있다. 실시간 모니터링과 맞춤형 훈련, 장기적인 관리 전략을 통해 AI는 단순한 데이터 분석을 넘어 체계적인 선수 관리 시스템을 구축하고 있다. 이를 통해 팀 성과를 극대화하고 부상 위험을 낮추며 경기력을 장기적으로 유지할 수 있다. AI 기술의 발전과 함께 선수 관리의 미래를 재정의하고 있다.

참고문헌

노성진 외(2022). “머신러닝을 활용한 선발 투수 교체시기에 관한 연구”. 《스마트미디어저널》, 9~17쪽.

안준철(2024.12.28.). “[안준철의 스포츠시선] 2024년, 스포츠를 지배한 AI 혁명”. 《이데일리》. https://www.edaily.co.kr/news/read?newsId=01098806639123112&mediaCodeNo=258

Biro, A. et al.(2024). “AI-Assisted Fatigue and Stamina Control for Performance Sports on IMU-Generated Multivariate Times Series Datasets”. *Sensors*, *24*(1), 132.

Blanchet, A.(2024.10.3.). “Artificial intelligence in sport: what lessons can other workers learn from top athletes?”. *EQUAL TIMES*. https://www.equaltimes.org/artificial-intelligence-in-sport

Bodemer, O.(2023). “Enhancing Individual Sports Training through Artificial Intelligence: A Comprehensive Review”.

Eng OA, 1(2), pp.111~119.

Guelmami, N. et al.(2023). "Injury Prevention, Optimized Training and Rehabilitation: How Is AI Reshaping the Field of Sports Medicine". *New Asian Journal of Medicine, 1*(1), pp.30~34.

Kenjayeva, B. et al.(2024). "Forecasting sports-related injuries using wearable devices and data analysis methods". *Retos: nuevas tendencias en educacion fisica, deporte y recreacion*, (58), pp.1125~1133.

Marharyta, K.(2024.11.21.). "How to Prevent Injuries in Sports with AI Injury Prevention Solutions". *Alltegrio.* https://alltegrio.com/blog/how-to-prevent-injuries-in-sports-with-ai-injury-prevention-solutions/

Musat, C. L. et al.(2024). "Diagnostic Applications of AI in Sports: A Comprehensive Review of Injury Risk Prediction Methods". *Diagnostics, 14*(22), 2516.

Papalamprakopoulou, Z. et al.(2024). "Artificial intelligence-enabled atrial fibrillation detection using smartwatches: current status and future perspectives". *Frontiers in Cardiovascular Medicine, 11*, 1432876.

Preatoni, E. et al.(2022). "The use of wearable sensors for preventing, assessing, and informing recovery from sport-related musculoskeletal injuries: a systematic scoping review". *Sensors, 22*(9), 3225.

Rahmani, M. et al.(2024). "Application of Artificial Intelligence in the Sports Industry: A Review Article". *AI and Tech in Behavioral and Social Sciences, 2*(2), pp.20~27.

Wang, T. Y. et al.(2023). "A wearable-based sports health monitoring system using CNN and LSTM with

self-attentions". *Plos one, 18*(10), e0292012.
Weiß, M. et al.(2024). "The role of sport psychology in injury prevention and rehabilitation in junior athletes". *Behavioral Sciences, 14*(3), 254.

06
선수 육성과 AI 트레이닝 시스템

AI 기술은 선수의 체력과 기술을 정밀하게 분석하고 맞춤형 훈련 프로그램을 설계하는 데 활용된다. 선수 개개인의 신체적 특성과 경기 스타일을 반영한 최적의 훈련 계획을 제공하며, 경기 상황을 시뮬레이션하여 전략적 대응 능력을 향상시킨다. AI 기반 피드백 시스템은 실시간으로 선수의 움직임과 기술적 약점을 분석하여 개선 방안을 추천한다.

AI와 맥주?

AI 맞춤형 훈련 프로그램의 설계와 적용

야구에서 선수 육성은 팀의 장기적인 경쟁력을 좌우하는 핵심 요소다. 신인 선수의 기량 개발뿐만 아니라, 기존 선수들의 지속적인 성장과 부상 방지를 위한 체계적인 훈련은 팀 성과와 직결된다. 따라서 효과적인 육성 시스템은 현대 야구에서 필수적인 요소로 자리 잡고 있다. AI 기술은 이러한 육성 시스템을 혁신한다. AI는 선수들의 경기력 향상을 위해 개인화된 데이터를 분석하고, 이를 기반으로 최적화된 훈련 목표를 설정할 수 있다.

선수들은 체력, 기술, 심리적 요인 등 여러 요소에서 개인별 특성이 다르기 때문에, 일률적인 훈련 프로그램은 효과가 제한적일 수 있다. AI는 이러한 한계를 극복하기 위해 웨어러블 기기와 훈련 데이터를 활용해 선수의 체력 상태와 경기 스타일을 분석한 후, 개인별 훈련 목표를 설정한다. AI가 설계한 맞춤형 훈련 프로그램은 특정 선수의 신체적 특성과 약점을 반영하여, 부상 위험을 줄이고 기술적 약점을 보완하는 데 중점을 둔다(오영환, 2018). 아울러 부상 이력과 심리적 요인까지 고려하여 선수의 약점을 보완하고 강점을 더욱 강화할 수 있는 맞춤형 프로그램을 설계할 수 있다(배문정 · 김한별, 2019). 개인화된 데이터 분석을 통해 설계된 AI 프로그램이 선수들의 잠재력을 극대화하는 것이다.

AI를 활용하면 실제 경기 상황에 가까운 훈련 환경을 조성하는 것도 가능하다. 전통적인 훈련 프로그램은 주로 반복적인 동작과 기술 연습에 초점을 맞추지만, AI 시뮬레이션은 특정 경기 상황을 가상으로 재현하여 훈련 효과를 극대화한다(이지혜, 2020). AI는 선수들이 다양한 변수에 적응할 수 있도록 환경 조건을 조정할 수도 있다. 예컨대 가상 시뮬레이션에서 특정 날씨 조건이나 경기장의 특성을 반영한 훈련을 하면, 선수들은 실제 경기에서도 환경 변화에 유연하게 내처할 수 있다. 이러한 접근법은 전략적 훈련은 물론 심리적 대비에도 큰 도움을 준다. 경기 중 스트레스를 유발하는 상황을 반복적으로 경험함으로써, 선수는 환경에 적응하며 더 나은 판단을 내릴 수 있다. AI 기반 시뮬레이션은 난순한 기술 연습을 넘어 경기의 복잡한 맥락을 이해하고 대처하는 능력을 길러 준다.

AI는 훈련 데이터를 실시간으로 분석하고, 훈련 강도와 계획을 조정함으로써 훈련 효율성을 극대화한다(Dergaa et al, 2024; 홍필두, 2021). 전통적인 훈련 방식은 정해진 루틴에 따라 훈련이 진행되는데, 선수의 상태에 따라 유연한 조정이 어렵다. 그러나 AI는 선수의 피로도, 심박수, 운동량 등을 실시간으로 모니터링하고, 이를 바탕으로 최적의 훈련 방식을 제안한다(Kakhi et al, 2024; Biro et al, 2024). 또 AI는 선수 데이터를 분석하여 훈련 후 회복 상태를 평가하고, 향후 훈련 계획에 반영한다. 이를 통해 선수는 체력 소모를 최소화하면서도 최상의 훈련 성과를 낼 수 있다. 실시간 피드백은 훈련 중 즉시 적용할 수 있어 매우 효과적이다. 특정 스윙 자세가 최적의 타구를 만들지 못하면, AI는 즉각적으로 자세 교정을 돕는다(Nazaret et al, 2023). 이러한 시스템은 선수와 코치가 데이터 기반으로 합리적인 결정을 내리는 데 도움을 준다.

스포츠 과학의 혁신을 선도하는 AI 맞춤형 훈련 프로그램은 스포츠 훈련의 새로운 지평을 열고 있다. 선수 개인의 특성을 반영한 체계적인 설계, 실제 경기와 유사한 시뮬레이션 훈련, 그리고 실시간 데이터를 활용한 훈련 조정은 기존 훈련 시스템의 한계를 뛰어넘는 혁신적인 변화를 이끌고 있다. 이러한 시스템은 선수의 체력과 기술 향상은 물론, 심리적 안정감과 경기 준비도를 획기적으로 높이고 있다. AI 기술이 스포츠 훈련 시스템에 깊이 융합되면서, 선수들은 더욱 정교하고 효과적으로 성장할 수 있게 되었으며, 이는 스포츠 과학의 무한한 가능성을 입증하고 있다.

AI 피드백과 분석을 통한 경기력 최적화

AI의 또 다른 효용성은 선수의 퍼포먼스를 실시간으로 모니터링하고 즉각적인 피드백을 제공함으로써 최적화된 경기력을 가능하게 하는 것이다. 현대 야구에서는 세밀한 움직임과 자세가 경기 결과에 결정적인 영향을 미칠 수 있기 때문에, 이를 개선하는 데 AI의 역할이 중요하다. AI는 웨어러블 기기나 고속 카메라를 통해 선수의 움직임, 자세, 속도 등을 분석하고, 실시간으로 데이터를 처리해 필요한 피드백을 제공한다(Wang et al, 2022). 이러한 피드백은 즉각적이라는 점에서 선수와 코치에게 매우 유용하다. 특히 경기 중에는 시간 제약이 크기 때문에, AI의 빠르고 정확한 분석은 작은 실수를 바로잡아 경기력을 유지하거나 개선하는 데 중요한 도구로 작용한다(Araujo et al, 2021). 타자에게는 AI가 스윙 속도와 타구 궤적을 분석해 타이밍을 조정하기 위한 방안을 제안한다(조선미, 2023). 이러한 기술은 단순히 경기력을 유지하는 것을 넘어, 실시간 데이터를 기반으로 선수의 퍼포먼스를 새로운 수준으로 끌어올리는 데 도움을 준다.

AI는 선수의 훈련 및 경기 데이터를 심층적으로 분석

해 강점과 약점을 시각화하고, 이를 기반으로 한 전략적 개선을 가능하게 한다. 전통적으로 강점과 약점을 분석하는 작업은 코치의 경험과 직관에 의존했지만, AI는 데이터를 기반으로 이를 더욱 객관적이고 정밀하게 파악한다(Bodemer, 2023). 예컨대 특정 타자가 빠른 공에 강하지만 변화구에 약한 경우, AI는 타격 데이터를 분석하여 이러한 패턴을 명확히 보여 준다. 데이터는 시각화 도구를 통해 그래프나 히트맵으로 제공되며, 선수와 코치는 이를 바탕으로 개선이 필요한 기술에 집중할 수 있다(Sperlich et al, 2023). 강점 역시 데이터화되어 특정 기술을 전략적으로 활용하는 데 밑바탕이 된다. 타자의 히트맵을 통해 특정 구간에서 타격 성공률이 높은 패턴을 확인하고, 이를 경기 전략에 반영할 수 있다. 또한 AI는 데이터를 축적하며 훈련과 경기 사이의 연관성을 분석해 선수의 기술 발전을 입증한다. 이는 선수와 코치 모두에게 객관적인 근거를 제공함으로써 훈련 방향을 더욱 명확하게 설정할 수 있도록 돕는 원리다.

AI는 단순히 데이터를 분석하는 데 그치지 않고, 선수의 성과를 장기적으로 추적하며 지속적인 개선을 지원한다. 시즌 단위인 야구에서 선수의 경기력은 여러 요인에 따라 점진적으로 변화한다. AI는 시즌 내내 축적된 데이터를 분석하여 선수의 기술적 진보와 체력 상태를 추적하고, 이를 바탕으로 훈련 프로그램을 조정한다. 아울러 AI는 선수의 경기 데이터를 분석해 장기적인 발전 목표를 설정할 수 있다(한정섭 외, 2022). 이는 단기적인 성과 개선뿐만 아니라, 선수 커리어를 연장하고 안정적인 퍼포먼스를 유지하는 데 핵심 역할을 한다. 나아가 AI는 새로운 기술이나 전략을 실험적으로 적용할 수 있는 시뮬레이션 환경을 제공하며, 이를 통해 선수와 코치가 새로운 접근법의 효과를 사전에 검증할 수 있도록 돕는다.

이처럼 AI 기술은 선수 데이터 분석과 피드백 시스템은 획기적인 변화를 이끌고 있다. 실시간 모니터링과 피드백 시스템, 개인별 강점과 약점의 정밀한 데이터화, 그리고 장기적 성과 추적은 선수들의 잠재력을 새로운 차원으로 끌어올리고 있다. 더욱이 AI는 단순한 데이터 제공을 넘어 심층적 통찰과 실행 가능한 전략적 지침을 제시함으로써, 선수와 팀의 경기력을 혁신적으로 향상시키고 있다.

참고문헌

배문정·김한별(2019). "엘리트선수들이 부상과 재활과정에서 겪는 심리적 경험". 《한국스포츠학회》, 517~530쪽.
오영환(2018). "빅데이터 기반의 실시간 생체 신호 모니터링을 이용한 분석시스템". 《한국전자통신학회 논문지》, 221~228쪽.
이지혜(2020). "인공지능 기반의 스포츠 중계 기술 혁신". 《미디어 이슈 & 트렌드》, 55~63쪽.
조선미(2023). "인공지능 기반 메이저리그(MLB) 타자의 기대안타(xHA) 예측 모델 개발 및 적용". 《한국체육측정평가학회지》, 85~96쪽.
한정섭 외(2022). "머신러닝을 활용한 빅데이터 분석을 통해 KBO 타자의 OPS 예측". 《차세대융합기술학회논문지》, 12~18쪽.
홍필두(2021). "실시간 데이터 예측을 위한 인공지능 분석 방법 연구". 《한국정보통신학회 종합학술대회 논문집》, 547~549쪽.
Araujo, D. et al.(2021). *Artificial intelligence in sport performance analysis*. Routledge.
Biro, A. et al.(2024). "AI-Assisted Fatigue and Stamina Control for Performance Sports on IMU-Generated Multivariate Times Series Datasets". *Sensors*, *24*(1), 132.
Bodemer, O.(2023). "Enhancing Individual Sports Training through Artificial Intelligence: A Comprehensive Review". *Eng OA*, *1*(2), pp.111~119.
Dergaa, I. et al.(2024). "Using artificial intelligence for exercise prescription in personalised health promotion: A critical evaluation of OpenAI's GPT-4 model". *Biology of Sport*, *41*(2), pp.221~241.
Kakhi, K. et al.(2024). "Fatigue Monitoring Using Wearables and AI: Trends, Challenges, and Future Opportunities". arXiv preprint arXiv:2412.16847.
Nazaret, A. et al.(2023). "Modeling personalized heart rate response to exercise and environmental factors with

wearables data". *NPJ Digital Medicine, 6*(1), 207.

Sperlich, B. et al.(2023). "Strengths, weaknesses, opportunities, and threats associated with the application of artificial intelligence in connection with sport research, coaching, and optimization of athletic performance: a brief SWOT analysis". *Frontiers in Sports and Active Living, 5*, 1258562.

Wang, Y. et al.(2022). "A wearable-sensor system with AI technology for real-time biomechanical feedback training in hammer throw". *Sensors, 23*(1), 425.

07
AI와 심판

야구에서 판정은 경기의 공정성과 흐름을 결정짓는 중요한 요소다. 그러나 인간 심판의 주관적 판단과 오심 문제는 꾸준히 논란이 되어 왔다. AI 판정 시스템이 도입되면서 볼-스트라이크 판정의 일관성이 높아지고, 경기 진행의 신뢰도가 향상되고 있다. AI 판정은 선수와 팬들의 몰입도를 높이고, 심판의 역할 변화와 판정의 새로운 기준을 세우고 있다.

AI와 운동주?

야구 판정에서 AI의 도입

야구에서 판정은 경기의 흐름을 결정하는 중요한 요소다. 그러나 인간 심판의 판정에는 불가피한 한계가 따른다. 볼-스트라이크 판정처럼 순간적인 판단이 요구되는 경우, 심판의 위치나 시야, 경험에 따라 결과가 달라질 수 있다. 같은 공이라도 누가 판정하느냐에 따라 다른 결과가 나오는 것은 스포츠의 공정성을 해치는 요인이 된다(홍규리 외, 2021). 이에 따라 AI 판정 도입에 대한 논의가 본격화됐다. AI는 데이터를 기반으로 일관된 판정을 내릴 수 있으며, 이를 통해 기존 심판 시스템의 한계를 보완할 수 있다.

AI 판정의 가장 큰 장점은 오심을 줄이고 판정의 신뢰도를 높이는 것이다. 심판은 최선을 다하지만, 순간적인 판단 착오나 시야 문제로 인해 오심을 피하기 어렵다. 특히, 볼-스트라이크 판정의 경우, 동일한 투구라도 심판에 따라 다른 판정이 나오는 경우가 많다. MLB에서는 2019년 한 시즌 동안 3만 4000개의 오심이 발생했다(Williams, 2019.4.18). 이런 들쭉날쭉한 볼-스트라이크 판정은 선수와 팬들의 불만을 불러일으키는 주요 원인이었다. AI 판정 시스템은 고속 카메라와 센서를 활용해 투구 궤적을 정밀하게 분석한다. 또한 타자의 키와 타격 자세를 반영한 맞춤형 스트라이크 존을 설정해 판정의 정확도를 높인다(양정민, 2024.7.29). 이를 통해 경기 운영의 일관성을 확보하고, 오심으로 인한 논란을 줄일 수 있다(김주학 · 조선미, 2024).

기술 발전과 타 종목의 변화도 AI 판정 도입을 뒷받침하는 요인이다. 테니스에서는 이미 호크아이(Hawk-Eye) 시스템이 라인 판정에 활용되고 있으며(석남준, 2016.1.21), 축구에서도 골라인 테크놀로지(Goal-line technology, GLT)와 반자동 오프사이드 시스템(Semi Automated Offside Technology, SAOT)이 도입됐다. AI 판정 기술이 스포츠 전반에서 신뢰를 받는 것이다. 야구 역시 같은 흐름을 따라가고 있다. KBO 리그는 2024시즌 자동 볼-스트라이크 판정 시스템(Automatic Ball-Strike System, ABS)을 도입해 운영한 결과, AI 판정이 실효성을 갖추었음을 확인했다. 판정의 일관성이 높아졌다는 점과 경기의 공정성을 강화했다는 평을 받았다. 다만 선수들의 불만과 기술적 보완이 필요한 부분도 드러나면서, 향후 개선과 정밀 조정이 필요한 과제로 남아 있다(장현구, 2024.4.26). 이는 단순한 기술적 실험을 넘어, 스포츠 경기 운영의 새로운 기준을 정립하는 과정으로 볼 수 있다.

AI 판정 도입 효과와 몰입도

AI 판정은 데이터를 기반으로 한 객관적 판정을 통해 기존 심판 판정의 주관적 해석을 최소화하고, 선수와 관중의 신뢰도를 높인다. KBO 리그의 ABS는 99.9퍼센트의 높은 판독률을 기록했다. 판정의 일관성이 확보되면서 선수들은 심판 판정에 대한 불신 없이 경기에 집중할 수 있게 되었고, 이는 선수들의 경기력 향상으로 이어졌다(양정민 외, 2024.7.29). 아울러 경기 중 판정 논란으로 인해 흐름이 끊기는 경우가 줄어들면서 경기 진행이 더욱 원활해졌다.

AI 판정 도입은 팬들의 경기 몰입도를 높이는 효과를 가져왔다. 과거에는 논란이 되는 판정이 발생한 경우 경기 흐름이 중단되거나 관중들이 불만을 표출하는 일이 빈번했다. 하지만 AI 판정이 도입되면서 명확하고 빠른 판정이 이루어져 경기 몰입도가 더욱 높아졌다(우남훈 · 윤영진, 2024). 팬들은 이제 판정 논란이 아닌 경기 자체에 집중할 수 있으며, 이는 관람 경험을 더욱 풍부하게 만든다(한귀영, 2024.6.17). 아울러 AI 판정 데이터는 해설과 분석 자료로 활용되며, 관중들에게 보다 심층적인 정보를 제공한다. 이러한 기술적 발전은 단순히 경기 판정을 돕는 것을 넘어, 팬들이 야구를 더 깊이 즐길 수 있는 환경을 조성하고 있다.

AI 판정 도입은 심판의 역할 변화를 예고한다. 기존에는 심판이 모든 판정을 독립적으로 내리고 경기 운영을 주도했다면, 이제는 AI와 협력하며 경기 흐름을 조율하는 것으로 역할이 변하고 있다(2021). 예컨대 AI가 스트라이크-볼 판정을 내리는 경우에도, 심판은 경기 흐름을 관리하고, 선수와 코치와의 의사소통을 담당한다(Parsons et al, 2011). AI 판정 결과를 명확하게 전달하고, 예외적 상황에서는 최종 결정을 내리는 역할도 맡는다. 이러한 변화는 심판의 권위를 유지하면서도, AI 기술을 활용해 판정의 신뢰성을 높이는 방향으로 이어지고 있다. AI와 인간 심판이 조화를 이루는 방식은 경기 운영의 효율성을 극대화하면서도, 스포츠의 본질적 요소를 유지하는 균형점을 찾아가는 과정이라 할 수 있다.

AI 판정 도입은 경기의 공정성을 높이고, 팬 경험을 개선하며, 심판 운영 방식에도 변화를 가져왔다. 명확하고 신속한 판정은 선수들의 경기 집중도를 높이며, 관중들에게는 불필요한 논란 없이 경기를 즐길 수 있는 환경을 제공한다. AI와 인간 심판의 협력 모델은 궁극적으로 스포츠 판정의 새로운 기준이 될 것이다.

자동 스트라이크-볼 판정 시스템(ABS)의 쟁점

자동 볼-스트라이크 판정 시스템(ABS)은 크게 카메라와 레이더 방식으로 구분된다. 2017년부터 2019년까지 3년간 MLB 공식 트래킹 업체로 활동한 트랙맨(Trackman)은 레이더를 이용해 공을 추적했다. 그러나 MLB는 현재, 트랙맨 대신 광학 카메라 방식을 활용하는 '호크아이'를 새로운 파트너로 삼았다(황혜정, 2022.9.29). 이는 레이더 방식이 몇 가지 기술적 한계를 보였기 때문이다. 우선 특정 타구나 투구를 정확하게 추적하는 데 한계가 있었다. 그라운드의 팝업이나 낮은 땅볼 타구를 빈번하게 추적하지 못했다. 특히 언더핸드 투수의 투구를 정확하게 포착하지 못하는 문제도 발생했다.

카메라 방식은 경기장 내 여러 대(3~4대)의 카메라를 전광판 아래와 1 · 3루 쪽에 설치한 후, AI 프로그램을 통해 가상의 스트라이크 존을 설정하고 투구의 통과 여부를 판별한다(Huang et al, 2020). 이후 AI 프로그램이 홈플레이트 뒤에 서 있는 구심에게 결과를 송출하면 무선 이어폰으로 받은 정보를 주심이 콜을 선언한다. 앞서 언급한 호크아이와 피치 트래킹 시스템(Pitch Tracking System, PTS)이 카메라 방식이다. 2024시즌 세계 최초로 KBO 리그에서 도입한 ABS는 PTS 기반으로 운영하고 있다. KBO는 스트라이크 존의 정밀성을 높이기 위해 타자의 키를 기준으로 삼아 홈플레이트 중간 면과 가장 끝 면을 통과하거나 스쳐야 스트라이크 판정을 내리도록 설계하였다.

하지만 KBO 리그에서는 타자나 투수, 지도자들이 불만을 터트리는 장면이 더러 나왔다. 볼-스트라이크 판정이 선수들의 체감과 다소 차이가 있어 혼란을 초래했다. 구장마다 투구 추적 카메라의 설치 위치가 달라서, 스트라이크 존의 일관성이 유지되지 않는다는 점도 문제로 지적되었다. 여름에는 벌레가 카메라를 가리거나 전력 공급 문제로 투구 추적에 실패하기도 했다(양정민 외, 2024.7.29). 또 MLB는 KBO 리그와 달리 ABS를 전면 도입하지 않고, 마이너리그에서 시범 운영 하며 지속적으로 스트라이크-볼 판정을 검토하고 있다. 특히 MLB는 KBO 리그처럼 기계의 판정을 100퍼센트 따르는 것이 아니라, 챌린지 시스템 도입도 테스트하고 있다(하남직, 2024.11.21). 챌린지 방식은 기본적으로는 인간 심판이 볼-스트라이크 판정을 내리되, 선수나 감독이 이의를 제기할 경우 비디오 판독처럼 ABS 판정을 확인하는 방식이다. 이러한 접근은 인간 심판의 권위를 유지하면서도 AI 판정의 객관성을 활용하는 균형점을 찾으려는 시도라고 볼 수 있다.

AI가 스포츠 판정에 개입하는 것은 단순한 기술적 변화가 아니라, 야구의 전통적 요소 변화라는 또 다른 논쟁을 불러일으키고 있다. AI 판정 도입으로 경기 중 논쟁이 줄어 경기 운영 속도가 빨라지는 긍정적인 효과가 있는 반면, 심판의 역할이 축소될 수 있다는 우려도 공존한다. 아울러 선수들의 감정적인 요소가 배제될 경우, 스포츠 측면의 본질적 요소가 줄어들 수 있다는 지적도 있다. 결국 AI 판정의 도입은 기술적인 정밀성을 높이는 것뿐만 아니라, 야구라는 스포츠가 지닌 전통적인 요소와 어떻게 조화를 이룰 것인지에 대한 고민을 함께 수반해야 한다.

참고문헌

김주학·조선미(2024). "인공지능 기반 한국프로야구(KBO) 자동 투구 판정 시스템(ABS)의 일관성 분석". 《한국체육측정평가학회지》, 93~103쪽.

박형길·정영재(2021). "야구 로봇 심판 도입에 따른 미래 스포츠 변화에 관한 연구". 《한국엔터테인먼트산업학회논문지》, 93~103쪽.

석남준(2016.1.21.). "코트 위 '매의 눈'… 테니스공 솜털까지 본다". 《조선비즈》.

https://biz.chosun.com/site/data/html_dir/2016/01/21/2016012100737.html
양정민(2024.7.29.). "'스트라이크 맞아? 아냐?'…韓 야구 AI 심판, 100경기 뛰더니 똑똑해졌다". 《지디넷코리아》. https://zdnet.co.kr/view/?no=20240729083638
우남훈·윤용진(2024). "자동 투구 판정 시스템(ABS)이 TV 중계방송에 미친 영향". 《한국체육과학회지》, 125~135쪽.
장현구(2024.4.26.). "류현진도 불만 터뜨리자 KBO, 투구추적 데이터 이례적 공개". 《연합뉴스》. https://www.yna.co.kr/view/AKR20240426072900007
하남직(2024.11.21.). "MLB 내년 시범경기서 ABS 실험…이르면 2026년 정규시즌 도입". 《연합뉴스》. https://www.yna.co.kr/view/AKR20241121117200007?input=1195m
한귀영(2024.6.17.). "오심논란 줄고 경기 몰입도 높아져…"인공지능과 함께 살아가야 하는 현실 보여주는 사례."". 《한겨레신문》. https://www.hani.co.kr/arti/economy/it/1145180.html
홍규리 외(2021). "로봇심판의 도입이 야구팬들이 인식하는 판정에 대한 공정성과 경기 시청 경험에 미치는 영향". 《한국스포츠산업경영학회지》, 70~82쪽.
황혜정(2022.9.29.). "MLB, 트랙맨에서 호크아이로…KBO리그는?". 《스포츠서울》. https://www.sportsseoul.com/news/read/1164061
Huang, J., & Hsu, H. J.(2020). "Approximating strike zone size and shape for baseball umpires under different conditions". *International Journal of Performance Analysis in Sport*, *20*(2), pp.133~149.
Parsons, C. A. et al.(2011). "Strike three: Discrimination,

incentives, and evaluation". *American Economic Review, 101*(4), pp.1410~1435.

Williams, M.(2019.4.8.). "MLB umpires missed 34,294 ball-strike calls in 2018. Bring onrobot-umps?". *BU Today.* http://www.bu.edu/articles/2019/mlbumpires-strike-zone-accuracy/

08
미디어와 AI

AI 기술은 실시간 경기 데이터를 분석하여 투수의 구종 선택, 타자의 스윙 패턴, 수비 포메이션 변화 등을 정량적으로 해설자와 팬들에게 전달하며, 보다 심층적인 경기 해석을 가능하게 한다. 또 AI는 자동 하이라이트 생성, 경기 리포트 작성, 개인 맞춤형 콘텐츠 추천 등을 통해 팬들의 미디어 소비 방식을 변화시키고 있다. AI기술로 야구 중계는 더욱 정확하고 몰입감 있는 경험을 제공하는 새로운 시대를 맞이하고 있다.

AI와 한의학?

야구 경기 중계 혁신과 AI

야구 중계는 단순한 경기 전달을 넘어, 경기 흐름을 분석하고 팬들에게 깊이 있는 해설을 제공하는 방향으로 발전하고 있다. 과거에는 해설자의 경험과 직관에 의존해 선수의 경기력이나 팀 전략을 설명했지만, AI는 방대한 데이터를 실시간으로 분석해 객관적이고 정밀한 해설을 지원한다(고현실, 2019.9.5). 투수의 구종 선택, 타자의 스윙 패턴, 수비 포메이션 변화까지 포착해 정량적으로 분석하며, 이를 바탕으로 경기의 패턴과 전략적 요소를 해설자와 팬들에게 전달한다(임석봉 · 안영민, 2024). 데이터 기반 해설은 경기 상황을 보다 명확하게 설명할 수 있도록 하며, 전략적 해석의 깊이를 더하는 역할을 한다.

AI 해설의 도입은 중계 방식에도 변화를 가져왔다. 기존 해설자는 자신의 경험을 바탕으로 경기 흐름을 해석했지만, AI는 실시간 데이터를 제공해 해설을 보다 체계적이고 구체적으로 만들 수 있다. 예를 들어, AI는 특정 투수의 피로도 변화나 타자의 구종별 성적을 분석해 해설자에게 제공하며, 이를 활용해 보다 설득력 있는 해설이 가능해진다. 또한 AI 음성 합성 기술이 발전하면서 일부 중계에서는 AI 해설자가 직접 경기 상황을 설명하는 사례도 등장했다(정명섭, 2020.12.10). AI 해설은 단순한 정보 전달을 넘어, 데이터 기반 분석을 통해 경기의 흐름을 보다 정교하게 해석하는 역할을 한다.

AI는 야구 중계의 접근성도 확대하고 있다. AI 기반 자동 번역 기술은 글로벌 팬들에게 실시간으로 자국어 해설을 제공하며, 언어 장벽을 낮추고 있다(임석봉 · 안영민, 2024). 청각 장애인을 위한 실시간 자막 생성 기술이 발전하면서 보다 많은 팬들이 경기 내용을 정확하게 전달받을 수 있으며(구아현, 2024.2.2), 시각 장애인을 위한 AI 기반 음성 설명 시스템도 개선되고 있다. AI는 특정 언어나 계층에 국한되지 않는 스포츠 중계 환경을 조성하며, 더 많은 사람들이 경기의 흐름을 온전히 경험할 수 있도록 돕는다. AI가 야구 중계에 자리 잡으면서, 팬들은 단순한 관람자가 아닌 보다 능동적인 참여자로 변화하고 있다. 실시간 데이터 분석을 통해 팬들은 경기 흐름을 더 깊이 이해할 수 있으며, 해설자는 이를 바탕으로 구체적인 분석을 제공할 수 있다. 향후 AI 기술이 더욱 발전하면, 야구 중계는 단순한 해설을 넘어 팬들이 직접 분석에 참여하고, 개인 맞춤형 정보를 제공받는 인터랙티브한 경험을 하도록 변화할 것으로 예상된다.

콘텐츠 자동 생성과 개인 맞춤형 미디어

AI 기술은 경기의 주요 장면을 실시간으로 분석하고 자동으로 하이라이트 영상을 생성한다. 기존의 하이라이트 편집은 방송사나 미디어 제작팀이 경기 영상을 수작업으로 편집해야 했지만, AI는 경기 중 홈런, 삼진, 호수비 등의 주요 장면을 자동으로 식별하고 이를 하나의 영상으로 편집한다. 특히 AI는 선수의 세리머니, 관중의 환호, 벤치의 반응 등을 분석하여 감정적으로 중요한 순간을 포착할 수 있으며, 이를 통해 더욱 극적인 하이라이트를 제공한다(Lewis, 2024.9.15). 경기 종료 후 AI가 자동으로 요약 영상을 제작하면, 팬들은 몇 분 안에 해당 경기의 핵심 장면을 확인할 수 있다. 이러한 자동 생성된 콘텐츠는 SNS, 유튜브, OTT 플랫폼을 통해 빠르게 확산되며, 팬들은 원하는 시간과 장소에서 맞춤형 하이라이트를 시청할 수 있다(임유경, 2021.1.25). AI 기술의 발전은 스포츠 미디어가 보다 즉각적이고 개인화된 방식으로 콘텐츠를 제공할 수 있도록 만들고 있다.

경기 리포트 및 뉴스 기사 생성 또한 AI 기술의 발전으로 자동화되고 있다. 기존에는 스포츠 기자들이 경기 종료 후 주요 장면과 선수 기록을 분석하여 기사를 작성했지만, AI는 경기 데이터를 실시간으로 수집하고 이를 텍

스트로 변환하여 자동으로 경기 리포트를 생성한다(한정현 외, 2024). AI는 경기 중 발생한 주요 이벤트(홈런, 삼진, 점수 변동)를 감지하고, 이를 바탕으로 기본적인 기사 초안을 즉시 작성할 수 있다. 예를 들어, "8회 초, OOO 선수가 2타점 적시타를 기록하며 팀을 리드로 이끌었다"와 같은 문장이 자동 생성 될 수 있다(김동환 · 이준환, 2015). 이러한 AI 기반 기사 작성은 기자들의 단순 반복 작업을 줄이고, 보다 심층적인 분석 기사에 집중할 수 있는 환경을 조성한다. AI가 스포츠 저널리즘과 공존하면서, 자동화된 정보 제공과 인간의 해석이 결합한 새로운 스포츠 미디어 환경이 형성되고 있다.

AI 기반 개인 맞춤형 콘텐츠 추천 기술은 팬들의 미디어 소비 방식을 변화시키고 있다. 과거에는 스포츠 중계가 방송사 중심으로 제공되었지만, 이제는 팬 개개인의 취향에 맞춰 최적화된 콘텐츠가 추천된다(장은지, 2024.10.5). AI 알고리즘은 팬들의 시청 기록, 선호하는 팀과 선수, 관심 있는 경기 유형을 종합적으로 분석하여 맞춤형 하이라이트와 요약 영상을 제공한다(임석봉 · 안영민, 2024). 특히 AI는 시청자의 영상 재생 패턴, 특정 장면 반복 시청 여부, 경기 종료 전 이탈률 등을 기반으로 관심도를 예측한다. 예를 들어 특정 팬이 특정 투수의 경기 장면을 선호한다면, AI는 해당 투수의 피칭 하이라이트를 자동으로 추천할 수 있다. 또한 특정 팀의 경기만 집중적으로 보고 싶은 팬들을 위해 AI는 해당 팀의 경기 하이라이트만 모아 제공하는 기능을 수행한다. 이러한 맞춤형 콘텐츠 제공은 OTT 및 모바일 플랫폼에서 더욱 활성화되고 있으며, 팬들은 AI가 제공하는 맞춤형 서비스를 통해 원하는 경기를 더욱 쉽게 소비할 수 있다.

AI는 단순한 보조 기술을 넘어 스포츠 미디어의 핵심 기술로 자리 잡고 있다(Walch, 2024.8.16). 콘텐츠 제작의 자동화, 맞춤형 서비스의 정교화, 그리고 스포츠 저널리즘과의 협력 구조를 통해 AI는 스포츠 미디어의 새로운 표준을 만들어 가고 있다. 경기 하이라이트와 요약 영상의 자동 생성, AI 기반 경기 리포트 작성, 개인 맞춤형 콘텐츠 추천 시스템은 미디어 제작과 소비 방식을 근본적으로 변화시키고 있으며, 팬들에게 전례 없는 맞춤형 경험을 제공하고 있다.

인터랙티브 팬 경험과 몰입형 미디어

스포츠 중계는 이제 단순한 경기 전달을 넘어, 팬들과의 실시간 상호작용을 중심으로 변화하고 있다. AI 기술의 발전은 팬들에게 더욱 능동적인 참여 기회를 제공하며,

특히 AI 챗봇과 가상 해설자는 이러한 변화를 주도하고 있다. AI 챗봇은 경기 중 팬들의 질문을 분석해 개별 맞춤형 데이터를 제공한다(Rahmani et al, 2024). 예컨대 특정 타자의 최근 성적이나 투수와의 상대 전적을 묻는 질문에 대해 AI는 실시간 데이터를 바탕으로 즉각적인 답변을 제공할 수 있다. AI 기반 가상 해설자도 점점 진화하고 있다. 기존 해설자의 보조 역할을 하거나 특정 팬층을 대상으로 한 맞춤형 해설을 제공하는 방식으로 활용될 수 있다.

VR과 AR 기술은 AI와 결합해 팬들의 경기 몰입도를 극대화하고 있다. 팬들은 단순히 화면을 시청하는 것을 넘어, 가상 공간에서 직접 경기를 체험하는 방식으로 스포츠를 소비하고 있다. VR 기술을 활용하면 팬들은 360도 구장 뷰를 통해 경기장 곳곳을 탐색하거나, 타자의 시점에서 투구를 체험할 수 있다. MLB는 이미 VR 기술을 적용한 콘텐츠를 제공하고 있으며, AR 기술과 결합된 애플리케이션은 특정 선수의 경기 데이터를 실시간으로 시각화하는 기능을 지원하고 있다(MLB, 2017.11.10). 이러한 기술 발전은 경기장 방문이 어려운 팬들에게도 몰입감 있는 관람 경험을 제공하며, 경기 중계의 형태를 새로운 차원으로 확장하고 있다.

AI는 팬들의 참여를 높이는 다양한 콘텐츠를 제공하며, 스포츠 커뮤니티 활성화에도 기여하고 있다. AI 기반 경기 예측 시스템은 팬들이 경기 결과나 선수 기록을 예측하고, 그 정확도에 따라 보상을 받을 수 있도록 설계된다. 이는 단순한 관람을 넘어 팬들이 보다 적극적으로 경기에 몰입하도록 유도하는 요소다. 또한 AI는 팬들의 응원 패턴을 분석해 맞춤형 응원 콘텐츠를 제공하며, 특정 팀이나 선수를 선호하는 팬들에게 개인화된 콘텐츠를 추천하는 방식으로 활용될 수 있다(김재호, 2020.5.6). 팬 커뮤니티에서 활발히 논의되는 이슈를 실시간으로 분석하고, 관련 기사나 하이라이트를 자동 추천 하는 기능도 점차 정교해지고 있다.

스포츠 중계의 패러다임은 AI를 중심으로 점점 더 인터랙티브한 형태로 변화하고 있다. AI 챗봇과 가상 해설자는 팬들과의 실시간 소통을 강화하며, VR · AR 기술과의 결합은 보다 생동감 있는 경기 관람을 가능하게 한다. AI 기반 맞춤형 콘텐츠는 팬들의 참여도를 높이며, 스포츠 커뮤니티를 더욱 역동적으로 변화시키고 있다. 앞으로 AI 기술이 더욱 발전하면, 팬들은 자신의 선호에 맞춘 맞춤형 스포츠 경험을 즐기며, 보다 능동적인 방식으로 경기를 소비하는 시대를 맞이하게 될 것이다.

참고문헌

고현실(2019.9.5.). "수비수 동선까지 알려준다…옥수수, 야구 AI데이터 분석 방송". 《연합뉴스》. https://www.yna.co.kr/view/AKR20180905036000017

구아현(2024.2.2.). "네이버클라우드, AI기반 '실시간 자막 생성' 기능 출시". 《The AI》. https://www.newstheai.com/news/articleView.html?idxno=4902

김동환·이준환(2015). "로봇 저널리즘: 알고리즘을 통한 스포츠 기사 자동 생성에 관한 연구". 《한국언론학보》, 64~95쪽.

김재호(2020.5.6.). "'AI로 팬을 즐겁게 하라'...AI로 진화하는 스포츠". 《AI타임스》. https://www.aitimes.com/news/articleView.html?idxno=128043

임석봉·안영민(2024). "AI와 스포츠, 픽셀스코프의 픽셀캐스트를 중심으로". 《미디어 이슈 & 트렌드》, 57~67쪽.

임유경(2021.1.25.). "야구 하이라이트 편집, 인간 30분→AI 3분". 《지디넷코리아》. https://zdnet.co.kr/view/?no=20210125093322

장은지(2024.10.5.). "세계 스포츠 AI 시장 39조 원까지 성장… '초개인화' 콘텐츠가 핵심". 《동아일보》. https://www.donga.com/news/Economy/article/all/20241004/130157152/2

정명섭(2020.12.10.). "AI가 스포츠 캐스터도 대체?... 엔씨소프트, 음성합성 기술 정보 공개". 《아주경제》. https://www.ajunews.com/view/20201210154232174

한정현 외(2024). "미디어 산업 AI 활용성에 관한 고찰: 저널리즘 분야 적용의 주요 쟁점을 중심으로". 《The Journal of the

Convergence on Culture Technology (JCCT)》, 713~722쪽.

Lewis, B.(2024.9.15.). "Artificial Intelligence in Sports: Use Cases and Benefits". *AIFALABS.*
https://www.aifalabs.com/blog/ai-in-sports-industry

MLB(2017.11.10.). "The future of baseball is here".
https://www.mlb.com/news/the-future-of-baseball-is-vr-and-ar-c261099842

Rahmani, M. et al.(2024). "Application of Artificial Intelligence in the Sports Industry: A Review Article". *AI and Tech in Behavioral and Social Sciences, 2*(2).

Walch, K.(2024.8.16.). "How AI Is Revolutionizing Professional Sports". *Forbes.*
https://www.forbes.com/sites/kathleenwalch/2024/08/16/how-ai-is-revolutionizing-professional-sports/

09
윤리적 문제와 AI 의존에 대한 논의

AI가 특정 리그나 경기 스타일을 기준으로 학습하면 다른 팀이나 선수들에게 불이익을 줄 수 있으며, 인간의 직관적 플레이나 창의적인 전술이 평가에서 배제될 위험이 존재한다. 선수 생체 데이터의 활용이 증가하면서 개인정보 보호와 윤리적 문제도 부각되고 있다. AI 기술이 야구의 전력을 분석하고 경쟁력을 강화하는 데 기여하는 만큼, 공정한 데이터 활용과 기술 격차 해소를 위한 균형 잡힌 접근이 요구된다.

AI와 화장품?

경기 분석의 공정성과 AI 알고리즘의 한계

AI는 스포츠 경기 분석에 혁신을 가져왔으나, 데이터 편향성과 알고리즘의 한계로 공정성 문제가 제기되고 있다. 과거 경기 데이터를 학습한 AI가 경기 흐름과 선수 성적을 예측하는 과정은 분석 결과의 왜곡으로 이어질 수 있다(Ferrara, 2023). 특히 AI가 특정 리그의 경기 스타일을 일반적인 기준으로 학습하면, 다른 리그나 팀의 전술적 차이를 반영하지 못해 불이익을 초래할 수 있다. 또한 특정 유형의 플레이 스타일이 AI 분석에서 과대평가되거나 반대로 저평가될 경우, 선수 평가 기준이 왜곡될 위험이 있다. 이러한 데이터 편향은 글로벌 스포츠 시장에서 지역적 불균형을 심화하고, 선수 평가의 공정성을 저해하는 요인으로 작용한다.

물론 AI의 경기 분석이 모든 팀에게 동일한 방식으로 적용된다고 가정하는 것은 현실적이지 않다. AI가 제공하는 데이터는 팀의 전략적 철학과 감독의 성향에 따라 다르게 해석될 수 있으며, 결국 최종적인 결정은 인간의 판단에 의해 이루어진다(Sperlich et al, 2023). 그러나 AI 분석이 보편화되면서 특정 데이터에 대한 의존도가 증가할 경우, 데이터에서 제외된 요소들은 점점 간과될 가능성이 있다(Pisaniello, 2024). 만약 전통적인 스카우트 방식에서 중요하게 여겨지던 선수의 직관적 플레이나 창의적 전술이 AI 분석에서는 수치로 정량화되지 않는다면, 이러한 요소가 선수 평가에서 점차 배제될 위험도 존재한다. 이러한 AI의 한계를 극복하기 위해서 다양한 경기 데이터를 학습할 수 있도록 알고리즘을 지속적으로 개선하고, 인간 전문가들의 해석을 병행하는 균형 잡힌 접근법이 필요하다(Plakias et al. 2024).

AI 예측 기술의 고도화로 인해 스포츠의 본질적 가치를 위협한다는 우려는 일부 타당성이 있다. 하지만 과도하게 해석된 측면도 강하다. AI는 실제로 선수와 심판의 행동 패턴을 정밀하게 분석하여 경기 결과를 예측할 수 있다(한누리, 2023.9.19). 이는 도박 시장에서 경기 흐름을 조작하거나 베팅 전략을 최적화하는 데 악용될 우려를 낳는다. 이와 함께 팬들의 흥미를 저해한다는 예상도 있다. 그러나 이는 AI 기술보다는 도박 산업의 규제와 윤리적인 문제와 가깝다. 스포츠의 진정한 매력은 예측 불가능한 순간에서 오는 감동이라는 점도 맞지만, AI 기술은 이를 대체하기보다는 보완하는 역할을 하고 있다(안준철, 2024.12.28). AI는 경기 분석, 선수 훈련, 부상 예방 등 다양한 분야에서 스포츠를 발전시키는 데 일조하고 있다고 봐야 한다.

선수 프라이버시와 데이터 사용의 윤리적 쟁점

AI 기반 경기 분석이 발전하면서 선수들의 생체 데이터를 활용하는 방식도 변화하고 있다. 기존의 경기 기록뿐만 아니라 심박수, 근육 피로도, 신체 움직임과 같은 생체 데이터가 정밀 분석에 활용되고 있다. 이러한 데이터는 선수들의 컨디션을 모니터링하고 부상을 예방하는 데 유용하지만, 동의 없이 수집될 경우 개인정보 침해 논란을 초래할 수 있다. 일부 구단들이 선수들의 동의 없이 생체 데이터를 수집·활용하게 될 경우, 데이터 소유권과 보호 문제에 대한 논의가 필요하다(Arnold et al, 2017). 아울러 선수들에게 데이터 활용에 대한 통제권을 부여하는 정책적 접근이 요구된다.

AI는 선수의 경기력을 평가하는 핵심 도구로 자리 잡고 있지만, 이는 선수 계약과 이적 시장의 구조에도 영향을 미치고 있다(선한결, 2022.2.10). AI가 특정 경기 스타일에 유리한 평가 기준을 적용하면서, 해당 스타일이 아닌 선수들이 상대적으로 낮은 평가를 받을 가능성도 있다. 아울러 AI가 선수의 경기 데이터뿐만 아니라 심리 상태까지 분석하는 수준으로 확장되면서 사생활 침해 논란도 커지고 있다. AI는 경기 중 선수의 표정과 행동을 분석해 긴장도, 스트레스 수준을 추정하고, 이를 컨디션 관리 및 경기력 예측의 데이터로 활용한다(조행만, 2021.12.11). 그러나 이러한 데이터가 선수의 동의 없이 수집 · 활용될 경우, 개인의 심리 상태가 외부에 노출되는 부작용이 발생할 수 있다. 무엇보다 이러한 정보가 언론이나 팬 커뮤니티에 유출될 경우, 선수들에게 불필요한 심리적 압박을 가할 가능성이 크다. 스포츠는 선수들의 신체적 능력뿐만 아니라 정신적 강인함이 주요 요소로 작용하는데, AI가 감정 데이터를 공개적으로 활용할 경우 선수들의 경기 집중력과 멘탈 컨디션에도 부정적인 영향을 미칠 수 있다(황칠욱, 2021.9.30).

AI가 선수 데이터 활용의 효율성을 높이고 스포츠 산업을 혁신하는 것은 분명한 장점이지만, 선수의 프라이버시 보호 기준을 확립하는 것이 필수적이다. 따라서 AI 기술이 선수들의 경기력을 향상시키는 도구로 기능하기 위해서는, 선수 동의를 기반으로 한 데이터 활용 원칙이 정립되고, 스포츠의 윤리적 가치를 보호하는 제도적 장치가 마련되어야 한다.

AI의 기술 격차와 야구에서 형평성

AI 기술이 야구의 전력 분석과 경기 운영을 혁신하고 있지만, 구단 간 경제적 격차에 따른 기술 활용 수준의 차이는 새로운 불균형을 초래할 수 있다. 자본력이 풍부한 구단은 정교한 AI 분석 시스템을 구축해 선수 영입, 경기 전략, 훈련 방식에서 경쟁 우위를 점할 수 있지만, 재정이 열악한 팀은 AI 도입 자체가 어려울 수 있다. 더욱이 AI가 제공하는 고급 데이터 분석이 타구 방향 예측, 투구 패턴 분석, 상대 타자의 공략법 등 경기 운영 전반에 걸쳐 적용되면서, AI 기술을 효과적으로 활용할 수 있는 구단과 그렇지 않은 구단 간 격차는 더욱 확대될 가능성이 크다. 이는 단순한 전력 차이를 넘어, 데이터 접근성이 리그 경쟁 구도의 핵심 변수가 되는 상황을 초래할 수 있다. AI가 야구의 필수 요소로 자리 잡을 경우, 리그 차원에서 기술 격차를 해소할 수 있는 정책적 조치가 필요하다(Sampedro, 2023).

AI 분석 기술이 특정 구단에 집중될 경우, 야구 내 형평성이 무너질 위험이 있다. 선진적인 AI 시스템을 활용하는 구단은 보다 정교한 데이터 기반 선수 평가를 통해 유망주 발굴과 전력 강화를 효율적으로 진행할 수 있지만, 상대적으로 자원이 부족한 구단은 AI 기반 스카우팅과 경기 분석에서 경쟁력을 잃을 가능성이 크다(Samuels, 2024.12.14). 특히 AI가 특정 유형의 선수들에게 더 높은 가치를 부여하는 경향이 나타날 경우, 기존의 전력 불균형이 더욱 심화될 수 있다. AI의 기술 격차로 인한 불균형을 완화하기 위해서는 리그 차원의 규제와 윤리적 기준이 마련되어야 한다. AI 분석이 경기 운영의 필수 요소로 자리 잡고 있는 만큼, 모든 구단이 동등한 수준의 데이터 분석 기술을 활용할 수 있도록 정책적 지원이 필요하다. 리그 차원에서 공통된 AI 데이터 플랫폼을 제공하거나, AI 기반 선수 평가 시스템을 표준화하는 방식이 고려될 수 있다. 아울러 AI가 선수 가치 평가와 계약 협상에서 절대적인 기준으로 작용하지 않도록, AI 분석을 보조적 수단으로 활용하는 원칙을 성립할 필요가 있다. AI 기술이 야구의 전력을 정교하게 분석하는 도구로 활용되면서도, 리그의 형평성을 저해하지 않도록 균형을 유지하는 것이 중요하다(Musat et al, 2024). 야구에서 AI가 필수적인 요소로 자리 잡아 가는 만큼, 기술 발전과 공정한 경쟁 환경 사이의 균형을 맞추는 논의가 지속되어야 한다.

참고문헌

선한결(2022.2.10.). "스포츠 지평 바꾸는 AI 기술의 진화". 《한국경제신문》. https://www.hankyung.com/article/202202102999i

안준철(2024.12.28.). "[안준철의 스포츠시선] 2024년, 스포츠를 지배한 AI 혁명". 《이데일리》.
https://www.edaily.co.kr/news/read?newsId=01098806639123112&mediaCodeNo=258

장은지(2024.10.5.). "세계 스포츠 AI 시장 39조 원까지 성장… '초개인화' 콘텐츠가 핵심". 《동아일보》.
https://www.donga.com/news/Economy/article/all/20241004/130157152/2

조행만(2021.12.11.). "한 번에 수백 명 선수 지켜보는 AI...부상 방지와 정확한 판정에 필수". 《AI타임스》.
https://www.aitimes.com/news/articleView.html?idxno=141908

한누리(2023.9.19.). "[AI미래 2050] 스포츠 베팅산업의 게임체인저 '인공지능'..."스스로 경기 분석, 배당률 조정하고 새로운 베팅 옵션 제공"". 《AI라이프경제》.
https://www.aifnlife.co.kr/news/articleView.html?idxno=21940

황철욱(2021.9.30.). "선수 멘탈까지 이해하는 AI를 기대하며". 《한국경제》.
https://www.hankyung.com/article/202109305235i

Arnold, J. F. & Sade, R. M.(2017). "Wearable technologies in collegiate sports: the ethics of collecting biometric data from student-athletes". *The American Journal of Bioethics, 17*(1), pp.67~70.

Ferrara, E.(2023). "Fairness and bias in artificial intelligence: A brief survey of sources, impacts, and mitigation strategies". *Sci, 6*(1), p.3.

Musat, C. L. et al.(2024). "Diagnostic Applications of AI in Sports: A Comprehensive Review of Injury Risk Prediction Methods". *Diagnostics, 14*(22), p.2516.

Pisaniello, A.(2024). "The Game Changer: How Artificial Intelligence is Transforming Sports Performance and Strategy". *Geopolitical, Social Security and Freedom Journal, 7*(1), pp.75~84.

Plakias, S. et al.(2024). "Can artificial intelligence revolutionize soccer tactical analysis?". *Trends in Sport Sciences, 31*(3).

Sampedro, A. C.(2023). *The Ethics of AI in Sport. Taking athletes' rights and wellbeing seriously.* Pompeu Fabra University.

Samuels, M.(2024.12.14.). "5 ways AI is changing baseball – and big data is up at bat". *ZDNET.* https://www.zdnet.com/article/5-ways-ai-is-changing-baseball-and-big-data-is-up-at-bat/#google_vignette

Sperlich, B. et al.(2023). "Strengths, weaknesses, opportunities, and threats associated with the application of artificial intelligence in connection with sport research, coaching, and optimization of athletic performance: a brief SWOT analysis". *Frontiers in Sports and Active Living, 5,* 1258562.

10
AI와 야구의 미래

AI는 야구의 경기 운영과 전략 수립, 심판 판정, 팬 경험에 이르기까지 스포츠의 전반적인 구조를 변화시키고 있다. 그러나 과도한 자동화가 스포츠의 감동과 예측 불가능성을 저해할 수 있다는 우려도 제기된다. AI 기술을 경기 운영의 보조 도구로 활용하면서도, 스포츠의 본질적인 가치와 인간적 요소를 유지하는 균형이 필요하다.

종교와 AI?

AI가 재정립하는 야구의 새로운 기준

AI는 야구의 운영 방식과 규칙을 근본적으로 변화시키고 있다. 과거 인간 심판의 판정과 감독의 직관적 판단을 중심으로 운영되던 야구는 AI의 개입으로 경기 규칙과 운영 방식이 자동화되는 추세다. AI 기반 자동 볼-스트라이크 판정 시스템은 기계를 통해 즉각 판정을 내리는 단계까지 발전했으며, 이는 인간 심판의 주관성을 배제하고 판정의 일관성을 유지한다는 평가를 받고 있다. 그러나 이러한 변화는 스포츠 특유의 논쟁적 요소를 감소시켜 경기의 카타르시스적 측면을 저해할 수 있다는 우려도 제기된다(허재경, 2023.10.21). 또 감독과 선수의 순간적 판단 기회를 제한하고, 경기 운영에서 인간의 창의성과 직관이 차지하는 비중을 감소시킬 가능성이 있다.

AI 기술은 전통적인 야구를 넘어 새로운 형태의 리그를 만들 수 있다. MLB나 KBO와 같은 기존 리그와는 별개로, AI가 경기 운영을 주도하는 실험적 리그의 등장이 충분히 가능해지고 있다. 이러한 'AI 리그'에서는 데이터 기반 경기 전략이 강조되며, 인간의 직관적 판단보다 AI가 제시하는 최적의 플레이가 중심이 될 것이다(Varghese, 2024.12.31). 더불어 AI 시뮬레이션을 활용한 가상 야구도 새로운 엔터테인먼트로 떠오르게 된다. 과거 전설적 선수들의 가상 매치나 AI가 구성한 최적의 라인업 간 대결 등이 실현될 수 있으며, 이는 팬들에게 전례 없는 야구 경험을 제공할 것이다. 다만 이러한 새로운 형태의 야구는 전통적 야구와는 차별화된 새로운 스포츠 장르로 자리매김할 가능성이 크다(Crabtree, 2024.2.19).

AI는 야구 산업의 비즈니스 모델에도 혁신적 변화를 가져오고 있다. 티켓 판매와 중계권료 중심이던 수익 구조는 AI의 팬 데이터 분석으로 다변화하고 있다. AI는 개별 팬의 관심사를 분석해 맞춤형 경기 관람 경험을 제공하고, 실시간 데이터 분석 서비스로 새로운 부가가치를 창출한다(장은지, 2024.10.5). AI가 경기 일정과 티켓 가격을 최적화하면, 인기 경기의 티켓 가격이 실시간으로 조정되는 동적 가격 모델이 자리 잡게 된다. 이는 구단의 수익 극대화를 가능하게 할 수 있다. 더불어 AI 분석은 선수 시장과 연봉 산정 방식도 변화시킬 수 있다. 부상 가능성과 경기력 향상 곡선 등을 예측하는 AI 분석은 계약 협상의 새로운 기준이 되고, 기존 에이전트 시스템과 스카우트 방식에도 큰 변화를 가져올 전망이다.

AI가 야구에 미치는 영향은 양면성을 지닌다. 데이터 기반 의사 결정과 경기 운영 최적화를 통해 스포츠 산업의 혁신을 이끌고 있지만, 과도한 자동화는 인간의 감정과 직관이라는 야구의 본질적 가치를 위협할 수 있다. 핵심은 AI를 경기 운영의 효율성과 공정성을 제고하는 보조 도구로 활용하되, 선수와 감독의 창의적 전략 구사 여지를 보장하는 균형점을 찾는 것이다. 야구의 혁신과 전통적 가치의 조화라는 과제는 지속적인 성찰과 논의를 요구한다.

AI와 인간의 조화

AI가 야구의 운영과 전략을 혁신하고 있지만, 감독과 선수의 역할은 여전히 핵심적이다. AI는 방대한 데이터를 분석해 최적의 전략을 제공하지만, 경기 흐름을 읽고 즉각적인 결정을 내리는 것은 여전히 인간의 직관과 경험이 주도해야 한다. 구체적인 예로, AI는 투수의 피로도를 분석해 교체 타이밍을 제안할 수 있다(노성진 외, 2022). 하지만, 경기장의 분위기나 상대 팀의 심리적 변화를 반영하기는 어렵다. 아울러 AI가 특정 타자의 약점을 분석해 구종 선택을 추천하더라도, 실제 경기에서는 타자가 예상과 다른 대응을 보일 수도 있다. 따라서 AI는 감독과 선수의 의사 결정을 보조하는 도구로 활용되어야 하며, 이를 맹목적으로 따르기보다는 경기의 맥락과 선수의 컨디션을 고려하는 것이 중요하다(조인식, 2019.1.12). AI는 정량적인 분석을 통해 경기 운영을 최적화할 수 있지만, 스포츠가 지닌 예측 불가능성과 인간의 창의성이 사라지지 않도록 조화를 이루어야 한다.

AI 심판 도입도 마찬가지다. 스포츠의 공정성을 높일 가능성이 크지만, 동시에 경기의 긴장감과 논란 요소를 감소시킬 위험도 분명하다. AI 기반 자동 볼-스트라이크 판정 시스템이 도입되면서 인간 심판의 주관적 판단이 줄어들고 일관된 판정을 기대할 수 있게 됐다. 그러나 AI가 모든 판정을 자동으로 처리하게 되면, 경기 중 판정 변경이 이루어지는 상황이 사라질 수 있다. 스포츠에서 판정 논란은 단순한 불만이 아니라 경기의 흐름을 바꾸는 요소로 작용하기도 한다. 또한 AI 판정이 데이터에 의존하는 만큼, 학습된 알고리즘이 특정 구실이나 투구 패턴에 대해 편향적인 결과를 보일 가능성도 있다(Cheng, 2018.7.25). 아직 AI 판정 기술이 완벽하지 않으므로, 인간 심판과의 역할 분담이 필수적이다. AI는 객관적이고 일관된 판정을 제공하는 도구로 활용하되, 최종적인 결정은 인간 심판이 내릴 수 있도록 조율해야 한다(Feinsand, 2024.5.24). 이렇게 해야 판정의 정확성을 유지하면서도, 스포츠 특유의 인간적인 요소를 보전할 수 있다.

무엇보다 AI가 발전하는 시대에도 스포츠의 감동과 예측 불가능성을 유지하는 것이 중요하다. AI가 경기 데이터를 정밀하게 분석하고 승패를 예측할수록, 스포츠 특유의 긴장감이 줄어들 수 있다. 야구는 단순한 확률 게임이 아니라, 예상치 못한 순간과 극적인 반전이 만들어 내는 스포츠다(Goover, 2024.8.29). 그러나 AI가 경기 운영을 최적화하고 승리 확률을 분석하는 방식이 일반화될 경우, 팬들은 경기 결과를 미리 알고 있는 듯한 느낌을 받을 가능성이 있다. AI는 경기 중 선수들의 감정이나 심리적 변화를 완벽하게 반영할 수 없기 때문에, 스포츠의 인간적 요소가 약화될 수도 있다(Klein, 2023.10.31). 그러므로 AI 분석을 단순한 데이터 제공에 그치는 것이 아니라, 팬과 선수들이 중요하게 여기는 감정적인 요소와 경기의 흐름을 고려하는 방식으로 활용하는 것이 필요하다. AI 기술이 야구의 본질적인 매력을 유지하는 방향으로 발전하려면, 스포츠의 감동과 예측 불가능성을 지키기 위한 가이드라인과 윤리적 원칙이 마련되어야 한다(Sampedro, 2021).

AI와 야구의 공존은 단순한 기술 혁신을 넘어 스포츠의 본질적 가치를 재정립하는 과제다. AI는 경기 분석과 판정의 정확성을 높이는 동시에 감독과 선수의 의사 결정을 보조하는 역할을 수행할 수 있다. 관건은 AI가 경기 운영을 자동화하는 도구가 아닌, 인간의 직관과 창의성을 증폭하는 조력자로 기능하는 것이다. 스포츠의 감동과 긴장감을 유지하면서 AI의 혁신을 수용하는 균형점을 찾는 것이 야구의 미래를 좌우할 것이다.

참고문헌

노성진 외(2022). "머신러닝을 활용한 선발 투수 교체시기에 관한 연구". 《스마트미디어저널》, 9~17쪽.

임석봉·안영민(2024). "AI와 스포츠, 픽셀스코프의 픽셀캐스트를 중심으로". 《미디어 이슈 & 트렌드》, 57~67쪽.

장은지(2024.10.5.). "세계 스포츠 AI 시장 39조 원까지 성장… '초개인화' 콘텐츠가 핵심". 《동아일보》. https://www.donga.com/news/Economy/article/all/20241004/130157152/2

조인식(2019.1.12.). "[인터뷰] 이철진 키움 전력분석팀장 "통계, 감으로 하는 야구와 큰 차이"". 《뉴스1》. [https://www.news1.kr/sports/baseball/3522501

허재경(2023.10.21.). ""오심은 가라"…스포츠도 'AI 포청천' 시대". 《한국일보》. https://www.hankookilbo.com/News/Read/A2023102014130003944

Cheng(2018.7.25.). "Building a Robot Umpire with Deep Learning Video Analysis". *Fangraph.com.* https://tht.fangraphs.com/building-a-robot-umpire-with

-deep-learning-video-analysis/

Crabtree, D.(2024.2.19.). "Game Changers: Virtual Reality and AI Transforming MLB". *LWOS*. https://lastwordonsports.com/baseball/2024/02/19/game-changers-virtual-reality-and-ai-transforming-mlb/

Feinsand, M.(2024.5.24.). "Commissioner: Automated ball-strike system a possibility, but unlikely to take place by '25". MLB.com. https://www.mlb.com/news/mlb-commissioner-rob-manfred-on-automated-ball-strike-system

Goover.(2024.8.29.). "The Impact of Artificial Intelligence on Sports Fan Engagement and Experience". https://seo.goover.ai/report/202408/go-public-report-en-981b49e0-82bf-4360-8225-a645e12680ba-0-0.html

Klein, T.(2023.10.31.). "Artificial intelligence in sport — the key to success?". DW. https://www.dw.com/en/artificial-intelligence-in-sport-the-key-to-success/a-67258191

Sampedro, A. C.(2021). "The case of AI in sport: some ethical concerns at play". *Diagoras: International Academic Journal on Olympic Studies*, *5*, pp.18~29.

Varghese, P.(2024.12.31.). "AI in Baseball | Reshaping Major League Baseball". candat.ai. https://candata.ai/blog/ai-in-baseball-reshaping-major-league-baseball/

안준철

호남대학교 미디어커뮤니케이션학과 교수다. 한국외국어대학교 법학과를 졸업한 후 동 대학원 미디어커뮤니케이션학과에서 석·박사 학위를 받았다. 야구가 좋아 야구팬이 됐고, 《MK스포츠》에서 야구 담당 기자로 일하며 WBC, WBSC 프리미어12 등 주요 국제 대회를 취재했다. 주요 저서로 《순간을 지배하라》(2015, 공저), 《메이저리그 가이드》(2014·2015, 공저) 등이 있다. 주요 논문으로는 "스포츠 빅이벤트에 대한 신문 사진 보도 분석: 2020 도쿄올림픽을 중심으로"(2021), "유럽연합(EU)과 국제스포츠기구와의 협력과 갈등: '굿 거버넌스'를 중심으로"(2024), "유럽의 AI 거버넌스와 미디어 책임"(2024), "프랑스 축구 대표팀을 통해 본 사회통합: 다문화사회에서 축구의 역할"(2025) 등이 있다.